Florian Sailer

Willi und die Wunder dieser Welt

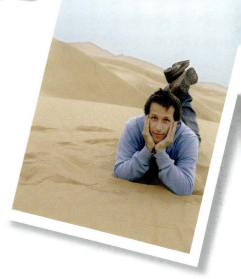

KOSMOS

Inhalt

6 – 7	Vorwort	10 – 11	Kofferpacken
8 – 9	Reiseroute	12 – 13	Auf Wiedersehen

Willi in der Arktis
Seite 38 – 59

Willi in Australien
Seite 14 – 37

- 16 Länderinfo Australien
- 16 Übrigens: Saus und Braus im „Regenwaldhaus"
- 17 Was ist eigentlich ein Regenwald?
- 19 Australien: der älteste Regenwald der Welt
- 20 Übrigens: Nicht nur die gefährlichsten Tiere der Welt leben in Australien
- 21 Abenteurerwissen: Schutz vor giftigen Tieren
- 23 Abenteurerwissen: Das Krokodil
- 23 Krokodile sind faule Hunde
- 25 Flughund-Fakten
- 26 Die Ozonschicht: Ein Sonnenschirm für den Erdball!
- 29 Unsere Erde: serienmäßig mit Katalysator und Klimaanlage
- 32 Sooo typisch australisch
- 33 Ameisenwissen: Die grüne Weberameise
- 36 Und jetzt ihr! – Australien

- 40 Länderinfo Kanada
- 41 Übrigens: Die großen Entdecker in der Pol-Position
- 43 Wer oder was ist eigentlich die Arktis?
- 44 Wie überleben Ameisen im Eis?
- 45 Nanuq, der blonde Petz
- 46 Sag mal, Péter!
- 47 Fakten zum Eisbären
- 48 Sprichst du Inuktitut, die Sprache der Inuit?
- 49 Die ersten Bewohner der Arktis: Inuit
- 51 Der weltweite Klimawandel
- 52 Die ANTarktis ist die, die der Arktis gegenüberliegt
- 53 Tiere in der Arktis: Der Polarfuchs
- 55 Sag mal, Tony!
- 58 Und jetzt ihr! – Arktis

Inhalt   5

Willi in Tokio
Seite 60 – 83

- 62 Länderinfo Japan
- 63 Übrigens: Den Wahnsinn beim Namen nennen
- 63 Wo wohnen die meisten Menschen?
- 65 Alle gehen! Die Shibuya-Kreuzung
- 65 Die, die die Wolken kitzeln: die höchsten Häuser der Welt
- 67 Klimawandel und Überbevölkerung
- 68 Übrigens: Lieber nicht direkt sagen, was man denkt
- 69 Achtung, Fettnapf!
- 71 Wörter zeichnen und Sätze malen
- 72 Japanische Ausdrücke zum Überleben
- 73 Warum kommen Ameisen auch in der Großstadt super klar?
- 74 Übrigens: Absahnen am Automaten
- 75 Abenteuer-Klos und andere japanische Spielereien
- 75 Fundbüro: Wer suchet, der findet!
- 78 Blick in eine andere Welt: Sumo-Fakten
- 79 Japanische Viechereien: Clevere Krähen
- 79 Ein Beben überleben
- 82 Und jetzt ihr! – Tokio

Willi in der Sahara
Seite 84 – 107

- 86 Länderinfo Sahara
- 87 Was ist eigentlich eine Wüste?
- 87 Die wichtigsten Wüsten der Erde
- 88 Wüstenwissen: Entkeimen
- 90 Übrigens: Was bedeutet Sahara?
- 91 Der traurige Baum von Ténéré
- 93 Übrigens: Arabisches Sprichwort
- 94 Schlaues Segelohr: der Wüstenfuchs
- 95 Wildes Wüstenviech
- 96 Ich sehe was, was da nicht ist: Die Fata Morgana
- 97 Die Wüste lebt – und wird immer größer!
- 97 Übrigens: Bei uns staubt's wohl! Sahara-Sand in Deutschland
- 98 Übrigens: Wasser bedeutet Leben
- 98 Das harte Leben der Sahara-Bewohner
- 99 Die Oase: Das grüne Paradies im öden Meer aus Sand
- 100 Tierisch schlau: Kamele in der Wüste
- 101 Übrigens: Was ist was? Auf die Höcker kommt's an!
- 103 Die silberne Wüsten-Renn-Ameise
- 106 Und jetzt ihr! – Sahara

- 108 – 109 Willi zurück zu Hause!
- 110 – 111 Erinnert ihr euch noch??
- 112 – 118 „Willi und die Wunder dieser Welt" – Wie ein Film daraus wird …
- 114 Regisseur Arne
- 114 Kameramann Wolfgang
- 115 Kameraassistentin Susanne
- 115 Tonmeister Paul
- 116 – 118 Von der Weltreise auf die Kinoleinwand: Wie ein Film entsteht
- 117 Die Filmklappe
- 119 Willi sagt Danke!
- 120 – 121 Ende
- 122 – 123 Index

Vorwort

Hallo Leute,

Ich bin's, der Willi. Dieses Buch, das ihr gerade vor der Nase habt, begleitet meinen Weltreise-Kinofilm „Willi und die Wunder dieser Welt". Los geht's – logisch – am Anfang!

Wie ihr wisst, habe ich schon viel gefragt, ausprobiert und erlebt. Aber eine richtig große Reise um die Welt habe ich noch nie gemacht. Höchste Zeit, findet ihr nicht?

Warum mache ich eine Weltreise? Zu Hause ist es doch auch schön. Natürlich ist es zu Hause schön! Ich habe jetzt schon ein bisschen Heimweh, wenn ich daran denke, meine Familie und meine Freunde so lange nicht zu sehen. Aber ich habe schon immer davon geträumt, die spannendsten Orte der Welt zu sehen, neue Leute zu treffen – und ein großes Abenteuer zu erleben. Und mit diesem Buch könnt ihr meine Reise hautnah mitverfolgen!

Ich mache mich auf die Suche nach den Wundern dieser Welt. Also nach großen und kleinen Dingen, die mich und euch zum Staunen bringen. Passt bloß auf und schnallt euch an: Es wird aufregend, anstrengend, gruselig, manchmal gefährlich und auf jeden Fall spannend. Und natürlich: seeehr lustig. Großes Willi-Ehrenwort!

Zuerst kommt die wichtigste Frage vor jeder Reise: Wo soll's eigentlich hingehen?

Ein Traum von mir ist es, einmal einen echten Eisbären zu streicheln. Mal sehen, ob ich mich das traue. Dafür muss ich in die Arktis. In eine total verrückte Stadt will ich auch. In eine, die ganz anders ist als die Städte bei uns zu Hause. Eine unglaubliche, unendliche, größer als große, ach was: in eine Megastadt in Asien! Ob ich mich da zurechtfinde? In eine einsame Wüste möchte ich auch fahren und den Sternenhimmel anschauen. Außerdem muss ich in der Wüste ein Versprechen einlösen. Aber dazu später mehr ...

Seid ihr schon mal über die sattgrünen Wipfel der riesigen Regenwaldbäume geflogen? Dann habt ihr mir was voraus. Den Blick über das unendliche grüne Blätterdach möchte ich nämlich unbedingt einmal erleben. Und nachschauen, welche interessanten Tiere es im Regenwald gibt.

Damit hab ich doch eine spannende Reise zusammen: Wüste, Eis, Großstadt und Regenwald. Heiß und kalt, trocken und nass, überfüllt und einsam. Klingt gut, oder? Jetzt muss ich mir nur noch an jedem Ort jemanden suchen, der sich da besonders gut auskennt. Und den löchere ich dann mit meinen Fragen. Denn Willi wills auch in der großen weiten Welt wissen.

Ich bin schon aufgeregt. Seid ihr so weit? Dann eine gute Reise durch „Willi und die Wunder dieser Welt"!

Euer

Willi's Reiseroute

Reisevorbereitung 1: Die Reiseroute

Nachdem ich mir überlegt habe, wo es hingehen soll, bin ich bei mir um die Ecke ins Reisebüro gegangen und habe mir Karten und Info-Material besorgt. Von München geht's nach Australien, danach in die Arktis, weiter nach Tokio und von der Sahara wieder nach Hause.

Auf der Karte seht ihr meine Reisestationen.

Die Dame im Reisebüro hat's ausgerechnet: Auf meiner Reise lege ich insgesamt mindestens 50.000 Kilometer zurück. Der Erdumfang am Äquator, also da, wo der Bauch des Erdballs am dicksten ist, genau in der Mitte zwischen Nord- und Südpol, misst gut 40.000 Kilometer. Meine Reise geht also weiter als einmal rund um den Erdball. Eine echte Weltreise!

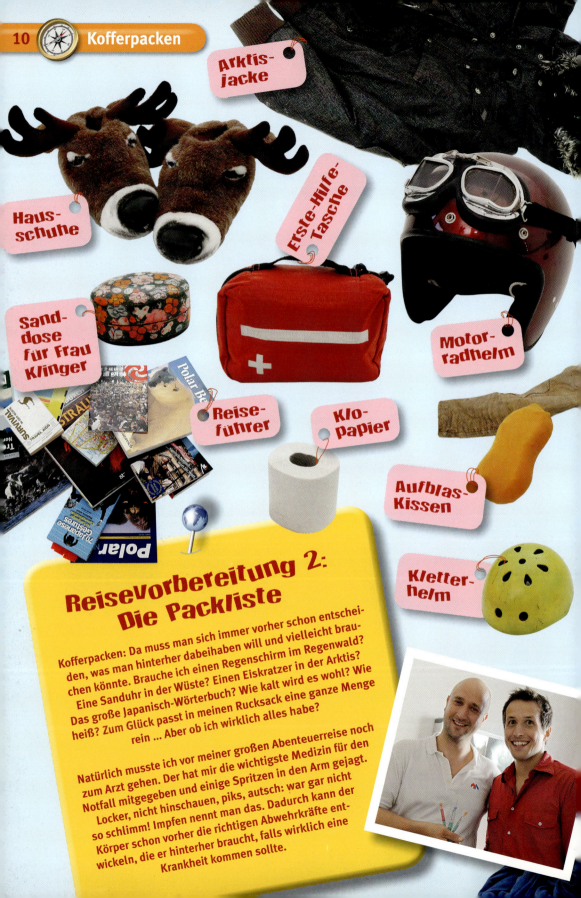

Kofferpacken

Arktisjacke · Hausschuhe · Erste-Hilfe-Tasche · Sanddose für Frau Klinger · Motorradhelm · Reiseführer · Klopapier · Aufblaskissen · Kletterhelm

Reisevorbereitung 2: Die Packliste

Kofferpacken: Da muss man sich immer vorher schon entscheiden, was man hinterher dabeihaben will und vielleicht brauchen könnte. Brauche ich einen Regenschirm im Regenwald? Eine Sanduhr in der Wüste? Einen Eiskratzer in der Arktis? Das große Japanisch-Wörterbuch? Wie kalt wird es wohl? Wie heiß? Zum Glück passt in meinen Rucksack eine ganze Menge rein ... Aber ob ich wirklich alles habe?

Natürlich musste ich vor meiner großen Abenteuerreise noch zum Arzt gehen. Der hat mir die wichtigste Medizin für den Notfall mitgegeben und einige Spritzen in den Arm gejagt. Locker, nicht hinschauen, piks, autsch: war gar nicht so schlimm! Impfen nennt man das. Dadurch kann der Körper schon vorher die richtigen Abwehrkräfte entwickeln, die er hinterher braucht, falls wirklich eine Krankheit kommen sollte.

Auf Wiedersehen!

Wiedersehen, beste Freunde!

Gleich geht's los. Mit einem lachenden und einem weinenden Auge verabschiede ich mich noch schnell von ganz vielen lieben Leuten. Zum Abschied bringe ich jedem eine schöne große Sonnenblume vorbei ...

Das sind meine lieben besten Freunde. Walter kenne ich schon seit der Grundschule, die anderen aus Gymnasium und Universität. Wir spielen immer Kicker zusammen. Aber heute haben alle gegen mich gewonnen. Ich kann mich schon nicht mehr richtig konzentrieren. Diagnose: Reisefieber! Aber wartet nur, wenn ich wiederkomme, gibt's die Revanche! Ach so: Judy kenne ich vom Gassi gehen.

Auf Wiedersehen 13

Wiedersehen, Bruder!

Wiedersehen, Frau Klinger!

Der hier ist mein Bruder Manuel. Er führt den Lebensmittel-Laden von unseren Eltern, Großeltern und Urgroßeltern weiter. Sein Supermarkt ist wirklich super! Bruderherz, ich vermisse deinen Laden jetzt schon, und dich erst recht!

Das ist Frau Klinger, meine älteste Freundin. Sie ist 92 Jahre alt, und ich habe sie beim Studium kennengelernt. Sie war Senioren-Studentin und saß eine Reihe hinter mir. Frau Klinger hat mir immer von der Wüste vorgeschwärmt. Sie hat selbst 20 Jahre in Afrika, am Rand der Sahara, gelebt und wollte unbedingt noch einmal hin. Kurz vor meiner Abreise ist Frau Klinger leider gestorben. Ich bin traurig. Obwohl wir bis zum Schluss immer noch „Sie" zueinander gesagt haben und trotz des großen Altersunterschieds haben wir uns super verstanden. Ich hatte ihr versprochen, dass ich ihr Sand von ihrem Lieblingsort in der Sahara mitbringe. Und das mache ich natürlich, auch wenn sie jetzt im Himmel ist. Versprochen ist versprochen! Frau Klinger hat mir eine rote Dose für den Sand und ein Foto von ihr an ihrem Lieblingsplatz in der Wüste mitgegeben. Ich hoffe, ich finde da hin!

Wiedersehen, Willi-wills-wissen-Dreharbeiten

Auch bei „Willi wills wissen" lerne ich ständig nette Leute kennen. Von denen muss ich mich selbstverständlich auch verabschieden. Natürlich geht das nicht mit allen, aber zumindest von einigen. Was mich besonders gefreut hat: Die Ballettmädels haben mir einen kleinen Glückshasen mitgegeben. Vielen Dank! Der hängt jetzt an meinem roten Rucksack und passt gut auf mich auf.

So, jetzt habe ich alle meine Sonnenblumen verteilt. Welt: ich komme! Auf nach Australien ...

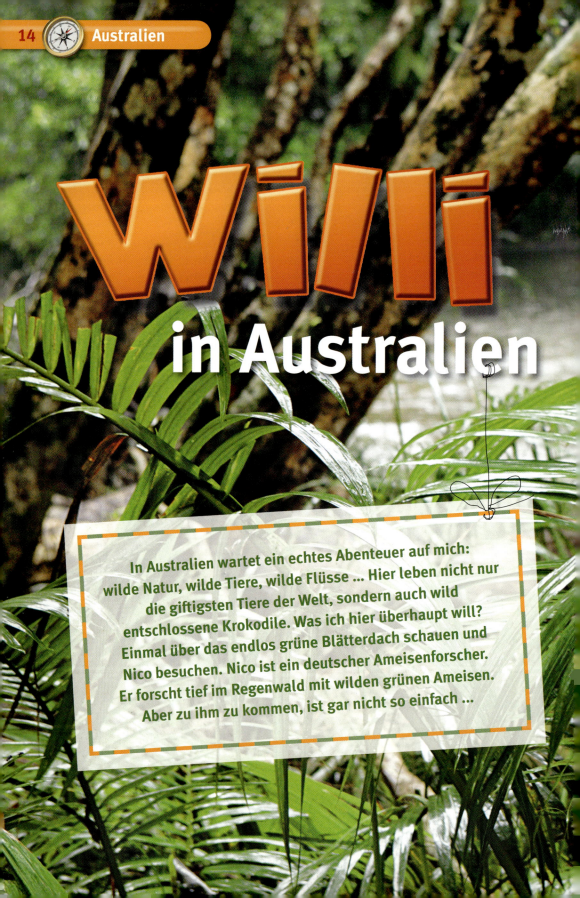

Willi
in Australien

In Australien wartet ein echtes Abenteuer auf mich: wilde Natur, wilde Tiere, wilde Flüsse ... Hier leben nicht nur die giftigsten Tiere der Welt, sondern auch wild entschlossene Krokodile. Was ich hier überhaupt will? Einmal über das endlos grüne Blätterdach schauen und Nico besuchen. Nico ist ein deutscher Ameisenforscher. Er forscht tief im Regenwald mit wilden grünen Ameisen. Aber zu ihm zu kommen, ist gar nicht so einfach ...

Australien

LÄNDERINFO AUSTRALIEN

Größe
7,7 Millionen Quadratkilometer: von Westen nach Osten etwa 4.500 Kilometer breit und von Norden nach Süden 3.900 Kilometer lang. Australien ist 21-mal so groß wie Deutschland, ein bisschen kleiner als die Sahara und umgerechnet so groß wie 1,1 Milliarden Fußballplätze.

Einwohner
21 Millionen. Deutschland ist zwar 21-mal kleiner, hat aber fast viermal so viele Einwohner. Weil in Australien wenig Menschen in einem großen Land wohnen, hat jeder Australier viel Platz für sich: umgerechnet 51 Fußballfelder.

Hauptstadt
Canberra

Sprachen
Australisches Englisch

Zeitverschiebung
München – Cairns: + 9 Stunden.

Deutschland 12:00 Uhr mittags
Cairns/Australien 21:00 Uhr abends

Entfernung von München
14.500 Kilometer Luftlinie (nach Cairns)

Puh, mein REISE-Abenteuer geht ja gut los. Mit einer langen AnREISE: fast 34 Stunden! Kein Wunder: Australien liegt auf der anderen Seite der Erde, ziemlich weit unten, wenn man auf die Weltkugel schaut. Darum sagen Australier *Down Under* zu ihrem Land, „Unten Drunter". Auf der Flughafen-Toilette muss ich gleich ausprobieren, ob es stimmt, was alle Leute sagen: Es stimmt! Das Wasser dreht sich links herum in den Abfluss. Also genau andersherum als bei uns zu Hause. Und auch die Jahreszeiten sind umgekehrt: Aus Deutschland bin ich im Hochsommer weggefahren, hier in Australien ist jetzt Winter. Aber es schneit nicht, sondern hat milde 20 °C. Ganz schön verdreht, dieses Land!

Australien ist ein großes, flaches und einsames Land. Die meisten Bewohner leben in wenigen großen Städten an den Küsten. In der Mitte schlägt das ziemlich staubige und heiße „rote Herz" Australiens: eine fast unbewohnte Wüste aus rotem Sand, das sogenannte *Outback*. In Australien treiben sich auch Krokodile und überhaupt die giftigsten Schlangen und Spinnen der Welt herum. Und Viehzucht ist ganz wichtig. Es gibt hier ungefähr so viele Kühe wie Menschen und in etwa siebenmal so viele Schafe! Australien liefert weltweit die meiste Wolle. Ich bin aber nicht hier, um mir eine Wolldecke zu stricken. Ich will schnell in den Regenwald zum deutschen Ameisenforscher Nico und seinen Ameisen.

Übrigens Saus und Braus im „Regenwaldhaus"

Schon am Regenwaldboden, also im „Erdgeschoss", gibt es unglaublich viel zu entdecken. Im „ersten Stock", den Baumkronen bis 40 Meter Höhe, leben wieder andere Pflanzen und Tiere. Und darüber wartet das „Dachgeschoss" in den Kronen der bis zu 70 Meter hohen Regenwaldriesen (die sind höher als sehr viele Kirchtürme bei uns!). Die Baumkronen bekommen am meisten Licht und Regen ab. Deshalb gibt es ganz oben die größte Vielfalt an Pflanzen und Tieren.

Australien 17

Allein für diesen Blick in den dichten Regenwald hat sich die lange Anreise schon gelohnt.

Der Regenwald: Ein faszinierender Lebensraum, der immer kleiner wird.

Was ist eigentlich ein Regenwald?

Ein Regenwald ist ein Wald, in dem es oft regnet. Logisch! Aber von vorne: Ein natürlicher Wald, den der Mensch nicht verändert hat, ist zunächst einmal ein Urwald. Also ein Wald in seinem URsprünglichen Zustand. Damit daraus ein Regenwald wird, muss mindestens an zehn Monaten im Jahr mehr Regen fallen, als Wasser verdunstet. Sind auch noch die Temperaturen im Durchschnitt höher als 20 °C, spricht man von einem tropischen Regenwald.

Diese Bedingungen herrschen nur auf beiden Seiten des Äquators. Der Äquator ist die genaue Mitte zwischen Nord- und Südpol und verläuft dort, wo der Bauch des Erdballs am dicksten ist. Auf beiden Seiten des Äquators befindet sich der grüne „Regenwaldgürtel" der Erde. Allerdings war dieser Gürtel vor wenigen Jahren noch viel breiter. Etwa die Hälfte des ursprünglichen Regenwaldes gibt es heute nicht mehr.

Bedrohte Vielfalt

Manche Menschen wollen Möbel aus dem exotischen Regenwaldholz haben, dafür werden Bäume umgesägt. Viel Regenwald wird abgebrannt, weil neue Felder und Weideflächen für Viehherden gebraucht werden. Weltweit verschwindet alle zehn Sekunden mindestens so viel Regenwald, wie auf ein Fußballfeld passen würde!

In den Teilen aber, die noch schön warm, feucht und ungestört sind, können sich unendlich viele Tier- und Pflanzenarten entwickeln. Wie in einem riesigen Gewächshaus. Forscher schätzen, dass im unberührten Regenwald auf der Fläche eines Fußballfeldes mehr als 40.000 verschiedene Insektenarten leben.

Australien

Neben mir sitzt Olaf. Er wird mir helfen, Nico im tiefen Regenwald zu finden. Olaf ist vor ein paar Jahren nach Australien ausgewandert und kennt sich als Biologe super mit Pflanzen und Tieren aus. Er ist ständig im Regenwald unterwegs. Meistens mit seinem ziemlich lauten, weißen Geländewagen. Wir starten in der Stadt Cairns an der Ostküste, und schon bald hören die geteerten Straßen auf. Also röhren wir über Feldwege und staubige Buckelpisten weiter in Richtung Regenwald.

Willi: Warum hast du eigentlich diesen Schlapphut auf?
Olaf: Der schützt mich vor Sonne, Regen und unangemeldeten Gästen auf meinem Kopf ...

Willi: Und warum bist du aus Deutschland weg ans andere Ende der Welt gezogen?
Olaf: Weil es in Australien so viele spannende Pflanzen und Tiere gibt. Die findet man bei uns zu Hause nicht. Außerdem ist das Wetter hier schöner.

Willi: Hast du keine Angst vor den vielen gefährlichen Tieren?
Olaf: Braucht man nicht! Aber Respekt sollte man haben, vorsichtig sein und wissen, wo die Tiere leben und wie sie aussehen.

Olaf bremst. Vor uns liegt ein schwarzer Schlauch, so dick wie mein Oberarm, quer über die ganze Straße. „Schau mal, ein Olivpython", sagt Olaf. Er packt die Schlange einfach am Kopf. „Fass mit an, Willi. Das ist eine Würgeschlange, die tut uns nichts." Ich habe noch nie eine Schlange angefasst! Fühlt sich an wie ein dicker, durchtrainierter Muskel. Würgeschlangen legen sich um den Hals ihrer Beute und drücken zu. Sie fressen zum Beispiel kleine Kängurus, aber

Australien

Unterwegssein mit dem Abenteurer Olaf macht richtig Spaß. Er weiß viel über den Regenwald und hat nicht mal Angst vor Schlangen.

Australien: der älteste Regenwald der Welt

Als Naturforscher kann mir Olaf viel Spannendes über die Tiere und Pflanzen hier erzählen: Mit ungefähr 135 Millionen Jahren ist der australische Regenwald der älteste der Erde.

Lianen kannte ich bisher nur aus dem Fernsehen, an denen schwingt sich Tarzan durch den Urwald: „Holioliolioliooooho!" Hier gibt es auch welche! Wie dicke Kletterseile hängen sie von den Bäumen. Und fühlen sich an wie strohige, raue Hanfseile.

„Kletterseile des Urwalds"

„Lianen sind eigentlich normale Pflanzen, die ihre Wurzeln in der Erde haben", sagt Olaf. Weil es auf dem Regenwaldboden aber ziemlich düster ist und Pflanzen Licht zum Wachsen brauchen, nutzt die Liane einen neben ihr stehenden Baum als „Leiter". Sie schadet ihm dabei nicht, kommt aber schneller nach oben ans Licht. Lianen können sogar Luftwurzeln bilden, mit denen sie Wasser aus der Luft aufnehmen.

keine Abenteurer wie mich. Wir tragen die Schlange ins Gebüsch und fahren weiter, mein Herz schlägt noch bis zum Hals. Das war die erste Begegnung mit einem wilden australischen Tier!

Für Waldarbeiter und Holzfäller sind Lianen gefährlich, weil sie wie Peitschen durch die Luft knallen, wenn ihr „Leiterbaum" umfällt. Sie können aber auch ganz friedlich kleine Willis durch den Wald wirbeln. „Achtung, Olaf, ich komme! Holiolioliolioooho!"

Olaf hat mir erzählt, dass es auch richtig unfaire Pflanzen gibt: Würgefeigen zum Beispiel nutzen andere Bäume auch als Leiter, erwürgen sie dabei aber langsam. Die hilfsbereiten Bäume sterben ab, und die feigen Feigen übernehmen die Kontrolle.

Würgefeigen sind ganz schön fies. Sie erdrücken die Bäume, an denen sie sich hochranken.

Australien

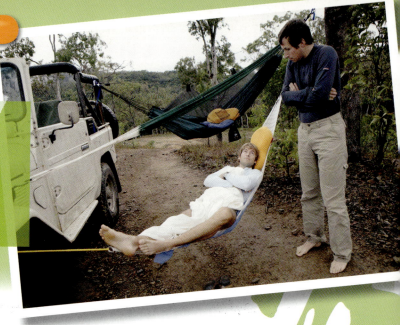

Nachtquartier im Grünen: Ein Ende der Hängematte binden wir an einen Baum, das andere an Olafs Geländewagen.

Habt ihr schon mal in einer Hängematte übernachtet? Ist gar nicht schlecht. Und im Regenwald sowieso eine gute Idee. Wer weiß, was am Boden für Tierchen rumkrabbeln, die ganz viele lange Beine, fette Fühler oder leuchtende Glupschaugen haben? Ich habe mir extra eine Hängematte mit eingebautem Mückennetz besorgt. Zu mir kommt keiner rein!

Olaf hängt ein paar Meter weiter in seiner Matte und schläft. Erst kann ich nicht einschlafen, höre tausend Geräusche. Überall raschelt, zirpt, fiept und pfeift es. Ganz schön unheimlich! Und ich sehe über mir ständig funkelnde Augenpaare. Aber die bilde ich mir wohl ein. Oder doch nicht? Australien ist ja das Land mit den meisten giftigen Tieren überhaupt: Schlangen, Spinnen, Raupen – hier gibt es sie alle. Nette und weniger nette ...

Der *Taipan* zum Beispiel ist die giftigste Schlange der Welt. Sein Gift soll einhundert Menschen auf einmal umbringen können. Auch die Nummer zwei, die *Brown Snake*, und ihre ein wenig ungefährlichere Kollegin, die *Todesotter*, sind in Australien unterwegs. „Keine Angst", hat Olaf gesagt, „die hauen vor Menschen schnell ab." Der *Amethyst-Python*, die drittgrößte Schlange der Welt, ist ja wenigstens nicht giftig. Er ist nämlich eine Würgeschlange. Wobei, wenn ich jetzt einschlafe und er kringelt sich um ...

Lieber nicht drüber nachdenken! Olaf hat auch gesagt, dass *fast keine* von den Spinnenarten in dieser Gegend giftig ist. Nur *Trichternetzspinnen* und *Rotrückenspinnen* können Menschen ernsthaft schaden. Aber die kommen hier im Nordosten nur *ganz selten* vor. Also kann ich vielleicht doch ein Auge zumachen ...?

übrigens
Nicht nur die gefährlichsten Tiere der Welt leben in Australien

Die *Australische Brennnessel*, auch *Gympie-Gympie* genannt, soll die schmerzhafteste Pflanze der Welt sein. Sie brennt durch die dicksten Klamotten hindurch. Wer sie berührt, kann ein halbes Jahr lang Schmerzen haben.

Australien 21

Olaf steuert uns sicher über die schlammigen Ruckelpisten.

Es gibt nicht nur gefährliche, sondern auch sehr lustige Tiere: hier ein Blauzungen-Lizard.

Abenteurerwissen:
Schutz vor giftigen Tieren

Falls doch einmal ein unangenehmer oder gar giftiger Zeitgenosse vorbeikriechen, herumfüßeln oder um die Ecke züngeln sollte, muss jeder Nachwuchs-Abenteurer gewappnet sein.

Hier ein paar Überlebenstipps:
✻ Immer lange Kleidung tragen (Hose, Pulli, Hemd).
✻ Mindestens knöchelhohe und stabile Schuhe anziehen: Schlangen beißen nämlich meistens in die Knöchel.
✻ Trampeln und Lärm machen. So bekommen Schlangen Angst!
✻ Schlangen lieben Höhlen! Nie unvorsichtig in Hohlräume oder unter Steine fassen.
Auch in Schuhen und Schlafsäcken immer gründlich nachschauen!
✻ Falls wirklich eine Schlange zugebissen hat: Sofort zum Arzt und die Übeltäterin möglichst genau beschreiben oder ein Foto mit dem Handy oder der Digitalkamera machen. So kann der Arzt das richtige Gegengift spritzen.
✻ Weil das nächste Krankenhaus meistens ziemlich weit weg ist: erst mal oberhalb des Bisses mit einem Verband abbinden, damit sich das Gift nicht so schnell im Körper verteilen kann. Keine Panik kriegen und so schnell wie möglich Hilfe holen.

Australien

Good Morning!, würde der Australier am Morgen sagen. Ich habe doch noch gut geschlafen in meiner Mückennetz-Hängematte. Niemand hat angebissen. Wir wollen es heute bis zu Nico und seinen Ameisen schaffen. Das Blätterdach wird immer dichter und lässt nur noch einzelne Sonnenstrahlen durch, die mir auf den Kopf brennen. Olaf hat ja seinen australischen Leder-Schlapphut auf.

Für ein normales Auto wären die Wege jetzt schon viel zu schlecht. Aber Olafs alter Geländewagen kommt gut vorwärts. „Moment mal! Olaf, da war ein Schild mit einem Krokodil drauf", rufe ich. Und da vorne ist ein Fluss! Abenteurer Olaf bleibt entspannt: „Ja, wir kommen ins Krokodilgebiet, Willi", sagt er, „schwimmen sollte man hier nicht. Aber im Auto sind wir sicher." Er fährt einfach durch den Fluss.

Kreidebleich im Kroko-Teich

Mein Rucksack purzelt über die Rückbank. Plötzlich bremst Olaf scharf. Schon wieder ein Fluss. Ob wir da durchkommen? Olaf fährt vorsichtig hinein, dann bleiben wir stecken. Rückwärtsgang: Matsch spritzt, wir stehen. Ich schaue nach links und sehe VIER GRÜNE AUGENPAARE! „Olaf, Krokodile!", rufe ich. Die Reifen drehen durch. Schlamm spritzt höher. Wir kommen nicht vom Fleck. Die Krokos haben uns zwei Leckerbissen in der weißen Blechdose längst bemerkt. Sie schauen interessiert und gleiten langsam ins Wasser. Und zwar in unsere Richtung!

„Wir müssen zu Fuß weiter", sagt Olaf ruhig. „Zu Fuß? Zu Fuß durch den Kroko-Pool?", frage ich. Er meint es ernst: „Das ist okay, du musst ganz langsam gehen. Krokodile reagieren nur auf schnelle Bewegungen." Der hat Nerven!

Olaf lässt es mit seinem Geländewagen auf den Holperwegen ganz schön krachen!

Australien 23

Abenteurerwissen: Das Krokodil

✱ Kann sieben Meter lang und eine Tonne schwer werden.
✱ Kann notfalls 1.000 Kilometer über das offene Meer schwimmen.
✱ Wird 70 – 80 Jahre alt, manchmal sogar über 100 Jahre.
✱ Kann bis zu ein Jahr lang von den Fettreserven im Schwanz leben, ohne zu fressen.
✱ Ist das aggressivste Reptil der Welt.
✱ Hat 64 – 68 Zähne.
✱ Kann eine Stunde lang untertauchen.
✱ Weibchen legen rund 50 Eier.
✱ Kann nicht kauen: Der Unterkiefer ist starr, die Beute muss in großen Stücken verschlungen werden.
✱ Sieht schlecht: Wenn zum Beispiel ein Vogel ruhig auf der Wasseroberfläche liegen bleiben würde anstatt wild zu flattern, würde ihn das Krokodil nicht als Beute erkennen und nicht fressen.
✱ Krokodile haben sogar die Dinosaurier überlebt und sich seit etwa 200 Millionen Jahren so gut wie nicht verändert.
✱ Alle Krokodile sind Fleischfresser.
✱ Im Durchschnitt stirbt in Australien ein Mensch im Jahr bei einem Krokodilangriff.

Krokodile sind faule Hunde!

Das würde sich natürlich niemand zu sagen trauen, dem gerade eins an den Fersen knabbert. Aber es stimmt: Krokodile liegen die meiste Zeit faul auf Sandbänken herum.

Wenn sie Hunger bekommen, gleiten sie geräuschlos ins Wasser, tauchen bis auf Augen und Nasenlöcher unter und schnappen plötzlich zu. Dann kommt die sogenannte Todesrolle: Mit der Beute drehen sich die Krokodile blitzschnell um die eigene Achse und zerren ihre Mahlzeit unter Wasser, damit sie ertrinkt.

In Australien leben die großen, gefährlichen Leistenkrokodile und die kleineren Süßwasserkrokodile. Leistenkrokodile werden bis zu sieben Meter lang, haben eine stumpfe, breite Schnauze und fühlen sich als einzige Art auch im Salzwasser wohl. Nach „Menschenschnitzeln" schnappen sie aber nur im Notfall. Süßwasserkrokodile haben eine spitze Schnauze und fressen kleinere Säugetiere und Fische. Im Zweifel würden sie aber auch mal an einem Menschen knabbern.

Achtung Krokodile: Bei diesem Schild hatte ich gleich ein mulmiges Gefühl ...

Australien

Pfui Teufel! Sieht aus wie Schokosoße, schmeckt aber leider überhaupt nicht so.

keine Früchte, sondern Flughunde", sagt Olaf. Fliegende Hunde? Dalmatiner mit Flügeln? Gefiederte Dackel? So ungefähr. „Flughunde sehen etwa aus wie Fledermäuse, nur mit einem Hundegesicht", sagt er. Sie kommen immer als riesige Kolonie, also als Großfamilie vor. „Die muss ich mir genauer anschauen", rufe ich. Im gleichen Augenblick starten alle Flug-Wauwaus wie auf ein geheimes Zeichen in die Luft. Lautes Geschrei bricht aus. Der Himmel wird schwarz, dann sind sie weg. Stille.

Olaf tappt ruhig durch den braunen Schlamm und erreicht das Ufer. Er hat es geschafft. „Komm, Willi, das geht schon", sagt er. Ich steige aus. Ganz langsam. Ich starre nach links. Sie haben sich bewegt! Die Krokodile kommen auf mich zu! Ich verliere die Nerven, laufe, renne, hechte, stolpere – und falle in den Sumpf. Sofort springe ich auf und höre hinter mir ein Maul zuklappen. Mit einem *BLUBB* verschwindet das Krokodil im Wasser. Ich sehe aus, als hätte ich in Schokoladenpudding gebadet. Aber ich lebe!

Schoko statt Kroko

Der Schokopudding ist schnell abgewaschen, aber wie soll's jetzt weitergehen? Wir stehen mitten im Regenwald, unser Auto steckt fest, und wir wissen nicht, wo wir hin müssen. „Hier im Regenwald muss irgendwo eine Tierklinik sein, dort können sie uns sicher helfen", sagt Olaf. Wir bahnen uns erst mal weiter einen Weg durchs Gebüsch.

Auf einer Lichtung fallen mir Bäume auf, an denen lebende Früchte hängen. „Das sind

Willi, willst du mein Papa sein?

Ein Baby-Flughund krallt sich in meine Hose und klettert an meinem Bein hoch. „Olaf, da hat sich ein Flughund in mich verliebt!", rufe ich. Er kann noch nicht fliegen und wurde wohl von seiner Mama vergessen. „Wenn wir ihn hierlassen, muss er sterben", meint Olaf. „Ich glaube, diese Tierklinik ist sogar auf Flughunde spezialisiert! Da müssen wir jetzt ganz schnell hin!" sagt Olaf. „Die können uns sicher auch erklären, wie wir zu Nico kommen!"

Guck mal, wie süß! Eine riesige Flughund-Kolonie.

Australien

Flughund-Fakten

* Eigene Säugetierfamilie, keine Fledermäuse.
* Die größten Arten erreichen Flügelspannweiten von mehr als eineinhalb Metern.
* Flughunde sehen nachts 20-mal besser als Menschen, im Dunkeln bis zu einem Kilometer weit.
* Haben kein Echolot wie Fledermäuse (Fledermäuse finden mithilfe von Schallwellen ihren Weg, die von Hindernissen zurückgeworfen werden).
* Sie sind keine Vampire! Sie trinken kein Blut, sondern süßen Nektar, und essen Früchte.
* Flughunde verbringen die meiste Zeit kopfunter hängend an Bäumen, sie schlafen am Tag.
* Eine Kolonie besteht meist aus 10.000 Tieren. Bei besonders günstigen Bedingungen können es auch bis zu einer Million werden.
* Sie beherrschen 30 verschiedene Laute und können sich „unterhalten". Das kann richtig laut werden.

Australien

Bingo! Das würde uns und den Flughund retten! Also wickeln wir den kleinen Flattermann vorsichtig in ein Handtuch ein. Wir wissen nicht genau, wo wir sind. Und auch nicht, wo wir eigentlich hinmüssen …

„Wohnen hier im tiefen Regenwald eigentlich Menschen?", frage ich Olaf. Seine Antwort: nicht mehr viele. Ursprünglich lebten Aborigines, also die australischen Ureinwohner, im Regenwald. „Ab origine" ist Latein und bedeutet „von Anfang an". „Dass sie schon immer da waren, stimmt natürlich nicht ganz. Aber viele tausend Jahre haben sie hier schon gelebt", sagt Olaf.

Vor gut 200 Jahren kamen dann europäische Einwanderer, die die Aborigines unterdrückten und vertrieben. Deren etwa 400.000 Nachfahren leiden bis heute darunter, nicht als gleichberechtigte Australier anerkannt zu werden. Viele kommen immer noch nicht gut mit dem modernen australischen Leben klar. Sie sind unglücklich und fühlen sich um ihre Kultur, ihre Rechte und ihre Heimat betrogen.

Die, die schon immer da waren

Die Aborigines in Nordaustralien haben früher im Wald, vom Wald und mit dem Wald gelebt. Sie haben sich aus Blättern und Zweigen einfache Unterschlüpfe gebaut und aus Wurzeln und Blüten Medizin gebraut. Den Ausdruck „Aborigine" hören sie übrigens nicht gerne, erklärt mir Olaf. „Sie möchten lieber mit ihrem Stammesnamen angesprochen werden."

Es ist ein langer Irrlauf ins Flughund-Krankenhaus. Aber: Wir finden es! Die Chefin Jenny schaut nach, ob mit unserem Patienten alles in Ordnung ist. Alles okay! Unser kleiner Flughund bekommt eine ordentliche

---

Die Ozonschicht: Ein Sonnenschirm für den Erdball!

Sonne ist super. Wir freuen uns, wenn sie scheint, und brauchen sie zum Leben. Wenn sie aber zu stark herunterbrennt, suchen wir Schutz im Schatten oder unter einem Sonnenschirm. Die sogenannte Ozonschicht *ist so etwas wie ein schützender Sonnenschirm rund um die Erde.*

Wenn unser Sonnenschirm zu Hause auf dem Balkon ein Loch hat, kommt die Sonne durch, und wir kriegen einen Sonnenbrand. Genauso geht es der Erde unter dem sogenannten Ozonloch. *Dieses Loch ist über der Arktis und der Antarktis besonders groß und reicht bis nach Australien. Dort ist es deshalb wichtig, sich mit langer Kleidung, Hut und ordentlich dick Sonnencreme gegen die extra starke Sonne zu schützen. Sonst drohen Sonnenbrand oder sogar Hautkrebs.*

Das Gas, das das Ozonloch *größer macht, war früher zum Beispiel in Haarspraydosen und Kühlschränken. Die werden heute zwar nicht mehr hergestellt, aber das Loch in der Ozonschicht bleibt noch Jahrzehnte erhalten.*

Australien 27

Rechts oder links? Wir kennen uns nicht mehr aus. Aber keine Angst, kleiner Flattermann, wir werden's schon schaffen!

Portion süßen Nektar und ist glücklich. Wir haben ihn gerettet.

Willis Waldlauf

„Zum Ameisenforscher Nico?", fragt Jenny. „Das ist nicht weit von hier, immer am Fluss entlang." Den restlichen Weg finde ich alleine. Jenny verspricht, dass sie Olaf hilft, sein weißes Auto aus dem Krokodilteich zu ziehen. „Servus, Olaf, war nett mit dir! Und tschau Jenny und Flughundbaby! Macht's gut."

Wir trennen uns, und ich bin zum ersten Mal alleine im tropischen Regenwald unterwegs. Jetzt regnet's auch noch im Regenwald! Ich habe keinen Regenschirm – aber finde sofort natürlichen Ersatz: Hier ist mein original „Regenwaldblatt-Blattregenschirm"! Hoffentlich bin ich bald da, es wird langsam dunkel. Ich glaube, ich bin nah dran an Nicos Forschungsstation.

Ah, da drüben auf der anderen Seite des Flusses steht einer im gelben Hemd. Das muss er sein. „Nico?", plärre ich. – „Hallo Willi, herzlich willkommen!", ruft er zurück.

Regen im Regenwald. Zum Glück habe ich meinen Regenwaldblatt-Blattregenschirm.

Australien

Ich muss mich nur an dem weißen Seil entlang durch den reißenden Fluss hangeln, hat Nico gerufen. Ganz schön abenteuerlich, diese Ameisen-Forscherei. Und ganz schön tief, der Fluss! Patschnass komme ich endlich bei Nico an. Er hat insgesamt schon zwei Jahre im australischen Regenwald verbracht. Seine Leidenschaft gilt den Ameisen, ganz besonders den *grünen Weberameisen*. Nico möchte herausfinden, wie so viele verschiedene Ameisenarten in einem Waldstück zusammenleben können. Ernähren sie sich unterschiedlich und gehen sich so aus dem Weg? Oder streiten sie sich ums gleiche Futter? Nach der Begrüßung hänge ich erst mal meine Klamotten am Lagerfeuer zum Trocknen auf.

Nico hat Nudeln gekocht, sehr lecker. Aber gleich nach dem Essen falle ich in meinen Schlafsack: Krokodilangriff, Flughund-Rettung, Regenwald-Marathon und Flussdurchquerung genügen für heute. Ich bin erledigt. Die Ameisenforschung kommt morgen dran.

Der Weg zu Ameisenforscher Nico war ganz schön aufregend. Mal sehen, was seine Ameisen so draufhaben ...

Australien

Unsere Erde: serienmäßig mit Katalysator und Klimaanlage

Die tropischen Regenwälder in Afrika, Asien, Australien und vor allem der Amazonas-Regenwald in Südamerika sind extrem wichtig für das Klima auf der Welt. Regenwaldbäume filtern wie ein Katalysator, das ist ein Schadstofffilter im Auto, Giftstoffe aus der Luft und geben saubere Luft zurück. Außerdem ist der grüne Regenwaldgürtel so etwas wie die Klimaanlage für die Welt: Wenn die Sonne auf den Regenwald scheint, verdunstet Wasser. Es entsteht Wasserdampf. Daraus bilden sich Wolken, die es an einer anderen Stelle regnen lassen und dort für Kühlung und Pflanzenwachstum sorgen.

Gefahr für die „Welt-Klimaanlage" Regenwald

Wenn Regenwald abgeholzt oder verbrannt wird, verlieren unzählige Tiere und Pflanzen für immer ihr Zuhause. Außerdem wird die Klimaanlage der Welt kleiner und damit die Erde insgesamt heißer und trockener. Durch das Verbrennen des „grünen Katalysators" gelangen auch die herausgefilterten Giftstoffe teilweise wieder in die Luft. Die verbinden sich mit dem Sauerstoff der Luft zum gefährlichen „Treibhausgas" CO_2 (man spricht: „Zeh-Oh-Zwei", das ist Kohlendioxid). Dieses Gas wiederum verursacht die Klimaerwärmung. Was Treibhausgase noch treiben, steht auf Seite 51.

Wenn die „Welt-Klimaanlage", also der Regenwald, zerstört wird, wird es wärmer auf der Erde. Das bedeutet, dass leichter Waldbrände ausbrechen können, die Städte und Menschen bedrohen. Wüsten können sich ausdehnen. Und wenn es wärmer wird, trocknen Äcker schneller aus, auf denen früher Nahrungsmittel angebaut oder Rinder gehalten werden konnten. Das wiederum macht es auf Dauer schwieriger, für immer mehr Menschen genügend Essen zu produzieren.

Willi am Ziel: Auf der anderen Seite wartet der Ameisenforscher Nico.

Australien

Zwei menschliche Kletter-Raupen arbeiten sich langsam den Baum hinauf.

strecken, Knie anziehen ... Wie zwei kleine Raupen arbeiten wir uns langsam am Seil den Baumstamm hinauf. Regenwald-Ameisen-Forscher-Sein ist ganz schön anstrengend! Ich sehe ein paar grüne Ameisen an mir vorbei den Stamm hinaufflitzen.

Forschungsbasis in schwindelnder Höhe

„Wie kommen die denn so schnell den Baumstamm rauf?", frage ich Nico. Er erklärt mir, dass Ameisen so etwas wie einen Fußschweiß haben, mit dem sie an senkrechten Flächen und kopfüber prima haften bleiben. Das klappt sogar an einer glatten Glasplatte.

„Weberameisen können das Hundertfache ihres eigenen Körpergewichts festhalten, sogar mit dem Kopf nach unten", sagt Nico. Das bringt mich ins Grübeln: Ich wiege ungefähr 75 Kilogramm. Das mal hundert. Da müsste ich ja 7.500 Kilogramm kopfüber halten können. Einen Lastwagen! Unglaublich, was diese kleinen Tierchen schaffen ...

Knie anziehen, klein machen, strecken, Knie anziehen ... Endlich sind wir oben an Nicos Arbeitsplatz, sicher 30 Meter über dem Boden. Das schwankt ganz schön. Und ich kann zum ersten Mal über die Bäume des Regenwaldes blicken: „Wow, ein grüner Traum! Nichts als Grün bis zum Horizont!", rufe ich.

„Hier ist das Nest", sagt Nico und zeigt mir einen Fußball aus Blättern. Weberameisen weben sich aus Blättern ihr Zuhause zusammen. Ich gehe näher ran und – autsch! –, schon brennt es im Gesicht. Die grünen Kerlchen starten sofort den Angriff auf neugie-

Heute will ich genau wissen, was Nico in die letzte Ecke des Regenwaldes verschlagen hat. „Die grüne Weberameise", sagt er und bekommt leuchtende Augen, „eine der spannendsten Ameisenarten überhaupt. Komm mit!" Wir stehen vor dem dicken Stamm eines Urwaldriesen. Eine Ameisen-Autobahn wuselt den Stamm hinauf. „Die sind ja wirklich knallgrün!", rufe ich.

„Ja klar", sagt Nico. „Und warum sie Weberameisen heißen, zeige ich dir am Nest. Das ist da oben." Er deutet in die Krone des Riesenbaums. Nico drückt mir einen Helm und einen Klettergurt in die Hand.

Knie anziehen, klein machen und dann wieder strecken, Knie anziehen, klein machen,

Australien

rige Reporternasen. Sie spritzen mir Ameisensäure aus ihren Hinterteilen entgegen.

Ein Fußball-Haus aus Blättern

„Wie basteln die so ein Nest?", frage ich Nico. Er erklärt es mir genau: Arbeiterinnen bilden eine Kette und ziehen Blätter Stück für Stück übereinander. Gleichzeitig bringen andere Arbeiterinnen Ameisenlarven herbei. Die scheiden einen seidenen Faden aus. Der ist der Klebstoff fürs Ameisenhaus. So arbeiten viele Ameisen gemeinsam an ihrem Nest, bis es am Ende ungefähr so groß ist wie ein Fußball.

„Ameisen können ja super zusammenarbeiten", sage ich. „Das können die wahrscheinlich besser als wir Menschen", sagt Nico. Faszinierend!

Gemeinsam sind sie stark. Weberameisen bauen an ihrem Nest.

„Auf dem Ast ist ja mehr Verkehr als auf unseren Autobahnen, wenn die großen Ferien anfangen. Und trotzdem gibt's keinen Stau", sage ich. „Stau gibt es manchmal schon, vor allem wenn jemand die Spur verwischt. Jede Ameise markiert nämlich ihren Weg mit einem bestimmten Duft. Wenn sich eine Futterquelle lohnt, laufen immer mehr markierende Ameisen den gleichen Weg, so entsteht die Ameisen-Autobahn. Wird die Duftspur unterbrochen, sind die Ameisen kurz einmal verwirrt. Es fehlen die Wegweiser. Jede Ameisenart hat ihren eigenen Duft, deshalb biegt keine Ameise ins falsche Nest ab", sagt Nico.

Wär ich nur so stark wie eine Ameise!

Australien

Weberameisen bei der Arbeit

SOOO TYPISCH AUSTRALISCH

Didgeridoo
Das Didgeridoo ist das traditionelle Blasinstrument der Aborigines. Es wird aus einem bis zu zwei Meter langen Stamm des Eukalyptus-Baums gemacht, den Insekten innen ausgehöhlt haben.

Bumerang
Verrückt: Bumerangs sind geschnitzte, gebogene Hölzer, die man wegwirft, und sie kommen zurück. Die Aborigines haben die Ur-Bumerangs früher als Jagdwaffen benutzt.

Känguruwissen
* In Australien leben mehr als 60 Känguru-Arten. Die größten werden bis zu zwei Meter groß und bis zu 90 Kilogramm schwer.
* Riesenkängurus springen mit einem Satz bis zu neun Meter weit, drei Meter hoch und schaffen 50 Kilometer in der Stunde.
* Der dicke, muskulöse Schwanz dient zum Balancieren, auch in der Luft. Er wird fast noch einmal so lang wie der Körper des Kängurus und kann das ganze Gewicht alleine tragen.
* Kängurus ernähren sich nur von Pflanzen.

„Schau mal, die knutschen!", rufe ich und zeige Nico zwei Ameisen, die mit ihren *Antennen* (das ist ein Ameisenforscher-Wort und bedeutet „Fühler") herumfuchteln. „Sie *betrillern*, also befühlen sich", sagt Nico. „Dadurch stellen sie fest, ob sie zur gleichen Kolonie gehören."
„Können Ameisen miteinander reden?", frage ich.

„Sie reden natürlich nicht so wie wir. Sie erzeugen Trommellaute oder betrillern sich. Vor allem aber riechen sie", sagt Nico. Haben die etwa eine Nase? „Sie schnuppern mit ihren Fühlern. Und durch verschiedene Düfte können sie sich verständigen und sagen, welche Aufgaben gerade anstehen oder wo es noch leckeren Honigtau gibt", erklärt mir Nico.

Ganz schön clever! In meiner Begeisterung hätte ich fast vergessen, dass wir hoch oben auf einer schwankenden Astgabel stehen. „Was würde eigentlich passieren, wenn eine Ameise von hier oben runterfällt?", frage ich Nico. „Ameisen sind so leicht, die würden ganz sanft unten landen", sagt er. Bei uns Menschen wäre das natürlich anders. Deshalb seilen wir uns langsam wieder ab. Gaaanz langsam.

Australien 33

Ameisenwissen:
Die grüne Weberameise

* Weberameisen werden fast einen Zentimeter groß und 10 Milligramm schwer.
* Alle Ameisen in einem Nest sind Schwestern, die Männer sterben kurz nach dem Paarungsflug.
* Eine Königin bringt bis zu 500.000 Arbeiterinnen zur Welt.
* Weil Ameisen super zusammenarbeiten und gemeinsam viel mehr erreichen als eine einzelne Ameise, bezeichnet man Ameisenstaaten auch als Superorganismus.
* Arbeitsteilung: Bei den Weberameisen gibt es eine Königin und tausende Näherinnen, Trägerinnen, Melkerinnen, Türsteherinnen, Jägerinnen, Sammlerinnen, Soldatinnen, Kindergärtnerinnen, Hebammen und Entdeckerinnen. Aber sie wechseln ihre „Berufe" auch immer mal wieder.
* Können kopfüber ihr 100-faches Körpergewicht halten.
* Sind reich an Vitamin C und wurden von Aborigines als Kopfschmerz-Mittel gegessen.
* Ein Weberameisen-Nest kann einen Durchmesser von bis zu einem Meter haben.
* Der Duftstoff, den eine einzelne Ameise herstellt, könnte ihre Schwestern theoretisch um die ganze Welt locken. So stark ist er!
* Die Ameisenkönigin kann mehr als 20 Jahre alt werden.
* Weberameisen gibt es schon seit 30 Millionen Jahren!
* Ameisen plumpsen vom Baum nicht auf die Erde, sondern segeln immer Richtung Stamm, um schnell wieder nach oben ins Nest zu kommen. In der Luft lenken sie mit ihrem Hinterteil.

Ameise gegen Mensch:
Ein unfaires Duell?

„Nico, vielen Dank für den Blick in die heimliche Welt der Ameisen! Ich bin schwer beeindruckt. Wenigstens sind wir Menschen größer und stärker", sage ich. „Das stimmt schon", antwortet Nico. „Aber wenn man alle Menschen in eine Waagschale und alle Ameisen der Welt in die andere Waagschale stellen würde, dann wären beide Seiten gleich schwer. Es gibt einfach so viele Ameisen!"

„Trotzdem: Wir Menschen sind den Ameisen doch überlegen?", sage ich. Nico muss kurz überlegen. „Würde ich nicht so sehen", sagt er. „Wo Menschen sind, sind auch Ameisen. Aber Ameisen sind auch in vielen Lebensräumen, in denen keine Menschen überleben können. Also: Wer ist erfolgreicher?" Das bringt mich ins Grübeln. „In der Wüste auch?", frage ich. „Und im Eis? Kann ich mir nicht vorstellen. Aber ich finde es heraus", sage ich, verabschiede mich von Nico und mache mich auf den Weg heraus aus der grünen Wildnis.

Auf Wiedersehen, Regenwald!

Pass gut auf dich auf, wir brauchen dich noch länger! Ich muss jetzt weiter zu den Eisbären. Die sind nämlich auch in Gefahr, genau wie du. *G'Day mate!*, das sagen Australier zum Abschied. Es heißt ungefähr „Noch einen schönen Tag, Kumpel".

Australien

Und jetzt ihr!

Vom australischen Regenwald in die Arktis ...
puh, das dauert ganz schön lange!
Aber ihr könnt euch diese Zeit sinnvoll vertreiben:
Mit Willis original Abenteuer-Mitmachseiten.

Nicht schummeln!

Willis Wissenstraining

Wie muss der Satz heißen: In Australien gibt es ungefähr so viele – PIEP – wie Menschen und etwa siebenmal so viele – TRÖÖÖT –.

Antwort: PIEP = Kühe, TRÖÖÖT = Schafe: Australien stellt mehr Wolle her als irgendein anderes Land auf der Welt.

Wie viele Zähne hat ein Krokodil?

Antwort: 64 – 68.

Wie lange kann ein Krokodil untertauchen?

Antwort: Es soll bis zu einer Stunde schaffen.

Ausprobieren

Wahrscheinlich habt ihr keine Regenwaldbäume zu Hause im Wohnzimmer, oder? Macht aber nichts! Auch ganz einfache einheimische Kiefernzapfen sind spannende Pflanzen.

Experiment

Sammelt ein paar Kiefernzapfen ein und trocknet sie zum Beispiel auf der Heizung. Jetzt besprüht ihr den trockenen Zapfen ganz fein mit Wasser, zum Beispiel aus einer Sprühflasche für Blumen.
Ergebnis: Der zuvor weit geöffnete Zapfen schließt seine Schuppen.
Erklärung: Bei schönem, trockenem Wetter können die Samen aus den geöffneten Schuppen herausfallen, sich verbreiten und neue, kleine Kiefernbäume entstehen. Bei schlechtem Wetter werden die Samen im Inneren des Zapfens geschützt.

Australien 37

Mitmachen

Wir alle gegen den Klimawandel:

Aborigines im Regenwald sind früher ganz ohne Strom ausgekommen. So können wir zumindest ganz viel Strom sparen:

✳ Ein guter alter Wecker zum Aufziehen braucht keine Batterien und keinen Strom und spart dadurch Treibhausgase, die bei der Stromerzeugung entstehen.

✳ Energiesparlampen leuchten genauso hell und halten viel länger. Zehn normale Glühbirnen verbrauchen ungefähr soviel Energie wie zwei Energiesparlampen. Austauschen!

✳ Ladegeräte, die ihr gerade nicht braucht, müssen raus aus der Steckdose. Auch sie brauchen sonst unnötig Strom.

✳ Stereoanlage und Fernseher brauchen immer Strom, auch wenn nur das kleine rote Lämpchen leuchtet. Manche sogar genauso viel wie im angeschalteten Zustand. Deshalb: immer den Schalter am Gerät drücken und nicht nur die Taste auf der Fernbedienung!

✳ Licht aus, wenn man aus dem Zimmer geht. Ist ganz einfach und spart eine Menge!

Feldversuch mit Ameisen:

Lockt ein paar Ameisen an. Am besten geht das mit einem richtig guten Köder, also Zuckerwasser, Keks, Honig oder ein bisschen Marmelade. Wartet ab, bis die erste Ameise den Köder entdeckt hat, und beobachtet, was passiert: Sie läuft zurück ins Nest und holt Verstärkung. Weil sich die Beute richtig lohnt, kommen immer mehr Ameisen auf der Duftspur entlang gerannt. Es entsteht eine Ameisenstraße.

Wenn richtig viel los ist, könnt ihr die Straße vorsichtig mit dem Finger verwischen. Einfach einen Fingerstrich querdurch ziehen. Ihr werdet sehen: Die Ameisen sind erst einmal verwirrt und kennen sich nicht mehr aus. Aber bald finden sie wieder einen Weg, und der fröhliche Marmeladen-Abtransport geht weiter ...

Willi
in der Arktis

„Stopp! Eisbären-Warnung. Hier nicht herumlaufen!" steht auf diesem Schild. Wenn ihr jetzt auf die andere Seite schauen könntet, dann wüsstet ihr auch, warum. Und warum ich lieber flüstere: Keine fünfhundert Meter von mir entfernt liegt ein „König der Arktis" im Schnee und pennt. Genau, ein echter Eisbär! Das größte Landraubtier der Erde. Psssst! Er hat mich zum Glück noch nicht bemerkt. Wahnsinnig aufregend, er ist ganz nah. Hier mitten in der Arktis herumzustehen, ist ziemlich gefährlich. Ich schleiche mich lieber vooooorsichtig davon ...

Arktis

LÄNDERINFO KANADA

Größe
9,9 Millionen Quadratkilometer, so groß wie 1,4 Milliarden Fußballplätze und 28-mal so groß wie Deutschland. Fast die Hälfte von Kanada gehört zur Arktis.

Einwohner
32 Millionen Menschen. Ein Bewohner hat umgerechnet fast 44 Fußballfelder Platz für sich allein, in Deutschland dagegen wohnen theoretisch ein bis zwei Leute auf einem Fußballplatz.

Hauptstadt
Ottawa, „Eisbärenhauptstadt": Churchill

Sprachen
Kanadisches Englisch und Französisch

Zeitverschiebung
München – Churchill: – 7 Stunden

 Deutschland
12:00 Uhr mittags

 Churchill/Arktis
05:00 Uhr morgens

Entfernung von München
6.375 Kilometer (Luftlinie nach Churchill)

In den kanadischen Ort Churchill führt keine Straße. Man kann ihn nur mit dem Zug von Winnipeg aus erreichen. Das dauert 36 Stunden, weil der gefrorene Boden die Schienen verbiegt und der Zug nur langsam fahren kann. Man kann aber auch – wie ich – mit einem wackligen kleinen Propellerflugzeug kommen. Das fliegt nur einmal am Tag und landet auf einem Miniflughafen. In Churchill ist eigentlich nichts los. Nur wenn Eisbären kommen, dann tobt der Bär.

Churchill ist die *Eisbärenhauptstadt der Welt* in der kanadischen Arktis. Hier leben nur ungefähr 800 Menschen. Manchmal treiben sich in der Gegend ein paar hundert Eisbären herum. Der Eisbär, auch bekannt als „König der Arktis", ist das größte und eines der gefährlichsten Landraubtiere der Welt. Um ihn dreht sich hier alles. Ab und zu schaut so ein König nämlich in seiner persönlichen *Welthauptstadt* vorbei. Deshalb ist in Churchill immer größte Wachsamkeit angesagt. Im Zweifelsfall haben die Bärchen nämlich auch gegen einen Happen Mensch nichts einzuwenden!

Ich will mal sehen, wie es sich so lebt, als Eisbär unter Menschen. Und andersrum. Erste Erkenntnis: Schweinekalt ist das in der Arktis! Zum Glück habe ich genügend warme Anziehsachen dabei.

Vorsicht, wenn der König brüllt! Manchmal schaut so ein „König der Arktis" in der Eisbärenhauptstadt Churchill vorbei.

Arktis 41

Übrigens
Die großen Entdecker in der Pol-Position

Wer war der Erste am Pol? Die „Eroberung" der beiden Pole war ein Traum, den viele Abenteurer mit dem Leben bezahlen mussten. Der erste Mensch am Nordpol soll am 6. April 1909 der Amerikaner Robert Peary gewesen sein. Der Norweger Roald Amundsen soll am 14. Dezember 1911 als erster Mensch den Südpol erreicht haben. Damit hatte er das Wettrennen gegen den Engländer Robert Scott gewonnen. Scott fand am Südpol Amundsens norwegische Flagge. Ihm blieb also nur die Silbermedaille.

Arktis

Dick eingepackt startet der Zwiebel-Willi seine Eisbären-Entdeckungstour.

Tataaa: Der Zwiebel-Willi ist da! Über zwei Unterhosen ziehe ich zwei lange Unterhosen, dann eine Fleecehose und eine dicke Thermohose. Oben ein langes Unterhemd, Rolli und Fleecejacke und da drüber die Super-Daunenjacke. Dazu Schal, Mütze und Thermoschuhe. Viele Schichten, wie eine Zwiebel. So eingepackt komme ich mir selbst vor wie ein Eisbär. Und zwar wie einer, der gerade seinen Festtagsbraten verputzt hat.

Bevor ich neugierig zur Türe hinausstürmen kann, hält mich die Hotelchefin Penny auf. „Willi, das hier ist Eisbärenland! Du musst sehr vorsichtig sein", sagt sie und erklärt mir die wichtigsten Regeln: „Meide Seitenstraßen und dunkle Ecken! Gehe möglichst überhaupt nicht zu Fuß, und nehme Eisbären-Warnschilder sehr ernst. Falls wirklich einer kommen sollte: Laufe nie vor einem Bären davon, er ist sowieso schneller. Geh stattdessen langsam rückwärts und zieh deine Kleidung aus. So hat der Bär was zu schnuppern."

Los geht das Arktis-Abenteuer!

Gut, dass ich als Zwiebel-Willi so viele Sachen anhabe! Aber Penny ist noch nicht fertig: „In Churchill sind die Haustüren immer offen, falls jemand vor einem Bären flüchten muss. Außerdem werden alle Schulkinder vom Schulbus direkt an der Haustüre abgeholt und wieder nach Hause gebracht. Noch

Arktis 43

Wer oder was ist eigentlich die Arktis?

Churchill liegt am Meer, genauer gesagt an der sogenannten Hudson Bay. Mit einem fröhlichen Strandspaziergang sieht's an der Hudson Bay aber schlecht aus. Sie ist im Winter fast komplett zugefroren. Dann kann es auch in Churchill – 45 °C kalt werden. Also kein Badehose-Wetter!

Was ist eigentlich die Arktis, außer kalt? Ich habe mich schlaugemacht: Die Region rund um den Nordpol, also das „obere Ende" der Erde, heißt Arktis. Der größte Teil davon ist gefrorenes Meerwasser. Würde dieses „ewige Eis" dort oben schmelzen, fiele auch der geografische Nordpol ins Wasser, weil darunter kein Festland ist. Die Teile der Arktis, die Festland sind, gehören fast zur Hälfte zu Kanada. Den Rest teilen sich Russland, Norwegen, Dänemark und die USA.

Ganz oben im Nordpolarmeer schwimmen riesige Eisberge und mehrere Meter dickes **Packeis**. Packeis entsteht durch Eisschollen, die der Wind aufeinanderschiebt. Es gibt aber auch einen Teil in der Arktis, der nicht von ewigem Eis bedeckt ist. Der heißt Tundra. Die **Tundra** ist eine sehr karge Steppe, in der nur wenige Tiere und Pflanzen überleben können. Meistens pfeift ein eiskalter Wind. Ihr Boden bleibt immer, also permanent, gefroren. Deshalb heißt er **Permafrostboden**.

ein Tipp: Schaue einem Eisbären niemals in die Augen, das reizt ihn!"

Ich spüre, dass es Penny sehr ernst meint mit ihrer Warnung. Zur Bärensaison im Herbst ist der Ort im Ausnahmezustand: Rund um Churchill stehen Eisbärenfallen, und eine bewaffnete Bären-Polizei fährt Streife. Falls ein Bär der Stadt zu nahe kommt, wird er in eine extra Bären-Pension außerhalb von Churchill gebracht. Hihi, die Bären kommen also in eine echte HerBÄRge! So sollen Unfälle mit Menschen verhindert werden.

Auch wenn Eisbären oft auf der faulen Haut liegen, bleiben sie gefährliche Räuber!

Arktis

Willi braucht das Eisbärenkostüm für einen waghalsigen Plan. Aber ob der aufgeht?

Wie überleben Ameisen im Eis?

* Sie halten keinen Winterschlaf, sondern graben sich in die Erde ein. Da ist es wärmer.
* Sie ruhen, bewegen sich kaum und sparen so Energie.
* Sie kuscheln sich eng zu einem Knäuel zusammen und wärmen sich gegenseitig.
* Wenn die Sonne rauskommt, laufen ein paar Ameisen nach oben, heizen sich auf und kommen zurück, um die anderen zu wärmen.
* Sobald sie ins Warme kommen (zum Beispiel in ein Haus), werden sie putzmunter.

Puh, es scheint also gar nicht so gemütlich zu sein, das gefährlichste Landraubtier der Erde zum Nachbarn zu haben! Das muss ich genauer rausfinden. Sehr, seeehhr vorsichtig mache ich mich auf den Weg. In der Türe schaue ich links, rechts, links, rechts, rechts, noch mal links. Die Luft ist rein! Und kalt: Mein Thermometer zeigt − 36 °C und ein eisiger Wind pfeift über die Hauptstraße. Wie Nadeln stechen die Schneeflocken in die Gesichtshaut. Meine Arktis-Expedition kann beginnen!

Ich möchte ein Eisbär sein, im kalten Polar ...

Ich habe einen Plan, wie ich mehr über die Eisbären in Churchill herausfinden kann. Blick links, Blick rechts, rechts, links. Ich renne über die Straße in die „Arctic Trading Company". Das ist ein Laden, in dem es

Nanuq, der blonde Petz

Eisbären heißen nicht umsonst „Könige der Arktis": Männchen können bis zu 700 Kilogramm schwer und zweieinhalb Meter lang werden! Sie stehen an der Spitze der arktischen Nahrungskette und haben keine tierischen Feinde.

Am liebsten essen Eisbären Ringelrobben-Babys. Notfalls schmecken ihnen auch junge Walrösser, Beluga-Wale, Fische, Vögel und Beeren. Sie haben ein sehr feines Näschen. Damit können sie Robben bis zu 30 Kilometer weit riechen. Und sie sogar unter dem Schnee in ihrer Höhle aufstöbern.

Eisbären waren mal Braunbären. Vor mindestens 200.000 Jahren sind die Braunbären in die Arktis gewandert und haben sich immer besser an die frostigen Bedingungen angepasst: Die Haut der Eisbären ist schwarz, dadurch heizt sie sich in der Sonne schnell auf. Das Fell sieht gelblich weiß aus, zur Tarnung. Die Haare sind durchsichtig und innen mit Luft gefüllt. Wie bei einer Daunenjacke schützt die Luft zusätzlich gegen Kälte. Wenn sie aus dem Meer kommen, perlt das Wasser einfach ab. Darum wachsen den Eisbären auch keine Eiszapfen am Fell.

Im Vergleich zu ihrem Urvater, dem Braunbären, haben Eisbären kleine Köpfe, kleine Ohren und einen Mini-Stummelschwanz. So geht weniger Wärme verloren. Zusammen mit einer dicken Fettschicht und sehr dichtem Fell halten sie auch −50 °C aus.

lustige Sachen zu kaufen gibt. Unter anderem: ein Eisbärenkostüm. Das will ich anprobieren.

Hoppla, wer ist denn da mit mir in der Umkleidekabine? Nico hatte wohl doch recht: Kleine schwarze Ameisen krabbeln die Holzwand hinauf. Ist es euch etwa nicht zu kalt? Mir auch nicht. Ich komme richtig ins Schwitzen im Eisbärenkostüm über den Zwiebel-Klamotten. Aber: passt wie angegossen! Schnell bezahlen und zurück ins Hotel. In Churchill wird es früher dunkel als bei uns zu Hause, weil wir hier weiter im Norden sind. Gute Nacht!

Auch im einzigen Laden von Churchill dreht sich fast alles um Eisbären.

Arktis

Aufstehen! Mein Experiment geht los: Ich schaue *linksrechtsrechtslinks* und laufe mit meinem neuen Eisbärenkostüm vorsichtig aus der Stadt. Ein bisschen unheimlich ist mir schon. Gar nicht weit vom Hotel entfernt entdecke ich eine überdimensionale graue Limo-Dose auf Rädern: eine Eisbärenfalle.

Ich schlüpfe in mein Eisbärenkostüm und klettere hinein. Vorne ist ein Gitter, durch das Licht hereinkommt, und von der Decke baumelt als Köder ein gefrorenes Stück Robbenfleisch. Ich beiße natürlich nicht rein, sondern ziehe nur daran. *Rums!* Hinter mir fällt die Türe zu. Der Eisbären-Willi sitzt in der Eisbärenfalle! Genau das war mein Plan. Jetzt wollen wir doch mal sehen, was wirklich mit einem Bären passiert, der sich in die Alarmzone rund um Churchill verirrt hat. Ich sitze da, und sitze, und warte, und sitze ... Trotz Zwiebel-Klamotten und Eisbärenkostüm wird's mir langsam kalt.

Gleich geht der Willi-Bär in die Bärenfalle!

Sag mal, Péter!

Beim Frühstück im Hotel habe ich Péter getroffen. Er ist ein Eisbärenforscher aus München, der zurzeit in Churchill Eisbären beobachtet. Ich habe ihn gleich mit Fragen gelöchert:

Willi: Der Eisbär ist das größte Landraubtier der Welt, das weiß ich.
Péter: Das Größte und sicher eins der gefährlichsten. Aber genau genommen ist er ein Wassertier. Es gibt im Norden Eisbären, die nie an Land kommen. Sie leben draußen auf dem Eis, also dem gefrorenen Wasser, weil sich drum herum im Wasser ihre Leibspeise herumtreibt: Ringelrobben. Nur weil wir hier so weit im Süden sind, dass im Sommer das Eis schmilzt, muss der Bär an Land kommen.

Willi: Was frisst der Eisbär an Land?
Péter: Eigentlich gar nichts. Höchstens ein paar Beeren oder ein Maul voll Seetang. Aber das reicht ihm natürlich niemals. Der Bär fastet über den kompletten arktischen Sommer. Er lebt von den Fettreserven, die er sich hauptsächlich von April bis Juni angefressen hat. Ein Eisbär ist eine richtige Fett-Fressmaschine. Er kann bis zu 70 Kilogramm Fleisch und Fett in einer Mahlzeit essen.

Willi und der Eisbärenforscher Péter

Arktis 47

Fakten zum Eisbären

* Weibchen können bis zu 450 Kilogramm schwer werden, Männchen können das Doppelte erreichen. Bis zur Hälfte des Gewichts ist Fett.
* Weibchen werden normalerweise 30 Jahre alt, Männchen durchschnittlich nur 25 Jahre.
* Die Weibchen bringen ihre Jungen in Schneehöhlen zur Welt.
* Junge Eisbären haben Milchzähne, bevor sie ihre 42 richtigen Zähne bekommen. Eisbärenzähne wachsen jedes Jahr. Wie an den Jahresringen des Baumes kann man an Eisbärenzähnen das Alter ablesen.
* Eisbären lieben Katzenwäsche. Sie putzen sich, springen ins Wasser oder reiben sich mit Schnee ein. Sauberes Fell sieht nämlich nicht nur besser aus, sondern hält auch besser warm!
* Wenn sie über sehr dünnes Eis wollen, legen sich Eisbären flach auf den Bauch und krabbeln vorwärts. So verteilen sie ihr Gewicht besser und brechen nicht ein.
* Eisbären schlafen sieben bis acht Stunden am Stück, ähnlich wie Menschen.
* Der Hals von Eisbärenmännchen ist dicker als der Kopf, deshalb können ihnen Forscher keine Satelliten-Halsbänder anlegen. Die würden einfach abrutschen.
* Auf kurzen Strecken erreichen Eisbären etwa 34 km/h. Der schnellste Mensch der Welt ist über eine Distanz von 100 Meter 37 km/h schnell gelaufen.
* Unter Wasser machen sie ihre Augen auf und verschließen die Nase, damit kein Wasser reinkommt.
* In Kanada sind in den letzten 30 Jahren sieben Menschen bei Eisbärenangriffen gestorben. In Churchill waren es zwei in fast 300 Jahren. Das klingt wenig, man darf die weißen Riesen aber trotzdem niemals unterschätzen!

Willi: Und über den arktischen Sommer passiert nichts?
Péter: Nein. Die Bären lungern herum. Mit ihrem dicken Fell fühlen sie sich, wie wenn du im Hochsommer mit 15 dicken Jacken übereinander herumlaufen würdest. Jede Bewegung ist anstrengend. Je aktiver die Bären sind, desto mehr Energie verlieren sie und desto schneller sind die Fettreserven weg. Das heißt: Für sie ist es optimal, sich einfach hinzulegen, auf Frost zu warten und nichts zu tun.

Willi: Was treibt manche Bären in die Stadt Churchill?
Péter: Der Hunger! Hungrige Eisbären werden leichtsinnig und neugierig. Sie trauen sich näher an Menschen heran und suchen in Mülltonnen und Häusern nach Futter. Für einen fastenden Eisbären ist auch ein Mensch eine prima Mahlzeit.

Arktis

Und der Willi-Bär sitzt immer noch in der Falle und wartet, und sitzt, und friert, und wartet … Endlich Motorengeräusche! Die Falle wird an einen Geländewagen angehängt. „Hilfe! Halt!" Vielleicht war mein Selbstversuch doch keine gute Idee? Das Ding holpert über die verschneite Tundra. Ich holpere innen mit. Wir halten vor einer noch größeren Blechdose, das muss die HerBÄRge sein!

Willi-Bär vor der Eisbären-HerBÄRge

Jemand leuchtet mit einer Taschenlampe auf meine Bärenschnauze und fängt laut an zu lachen. Der Eisbären-Polizist hat meinen Plan durchschaut. Weil ich kein echter Eisbär bin, lässt er mich aus der Falle. Er heißt *Shaun* (man sagt „Schooon") und ist ein lustiger Kerl. Er erklärt mir genau, was mit einem echten Eisbären passiert, der sich zu nahe an die Stadt getraut hat.

Einzelzimmer für kalte Schnauzen

Immer wenn ein Bär in eine Falle tappt, wird er zu dieser Halle gebracht. Die war früher ein *Hangar*, also eine Flugzeug-Garage, und ist jetzt die einzige HerBÄRge der Welt. Es gibt 52 Einzelzimmer, also eine ganze Menge. Drinnen werden die bärigen Gäste gewogen und mit Farbe markiert, damit man sie wiedererkennt. Wenn ein Eisbär vier Mal zu nah an die Stadt kam, gilt er für Menschen als gefährlich. Er wird verkauft, zum Beispiel an einen Zoo. Das kommt aber nicht oft vor.

Die Eisbären-Pension liegt einige Kilometer außerhalb der Stadt und ist alles andere als eine Nobel-HerBÄRge: Die Bären

Sprichst du Inuktitut, die Sprache der Inuit?

Inuk	Mensch
Inuuk	Zwei Menschen
Inuit	Viele Menschen
Nunavut	Unser Heimatland
Nanuq	Eisbär
Iglu	Haus
Illusaq	Schnee, der benutzt werden kann, um ein Iglu zu bauen
Aniu	Pappschnee
Aniuk	Schneematsch
Sililik	Hart gefrorener Schnee
Mililik	Schmelzender Schnee

Ein Blick auf die zufrierende Hudson Bay

Immer nur so viel, wie sie zum Überleben brauchten. Die Arktis bestimmte ihren Alltag. Deshalb soll es in ihrer Sprache auch fast 100 Wörter geben, die mit Schnee und Eis zu tun haben. Also für frischen Schnee, nassen Schnee, Pulverschnee, heißen Schnee – haha, reingefallen! Heißen Schnee gibt's natürlich nicht ...

Die ersten Bewohner der Arktis: Inuit

Die ersten Menschen, die in der kanadischen Arktis gelebt haben, waren die Inuit. Früher nannte man sie auch Eskimos („Rohfleischesser"), das hören sie aber nicht gerne. Inuit bedeutet „viele Menschen". Inuit fuhren mit Hundeschlitten zur Jagd und zogen mit Sack und Pack ihrer Beute hinterher. Unterwegs übernachteten sie in selbst gebauten Iglus oder in Zelten aus Walknochen und Tierhäuten.

Sie schlugen zum Angeln ein Loch ins Eis, machten Jagd auf Robben oder erlegten Karibus (eine Art Rentier), Wale, Seelöwen und sogar Eisbären.

Nunavut: Ein Land für Inuit im Land der Eisbären

Wie die Aborigines, die australischen Ureinwohner, wurden auch die Inuit von den ersten Siedlern aus Europa unterdrückt. Bis heute müssen beide Völker um Recht und Anerkennung kämpfen. Etwa 50.000 Inuit leben heute in Kanada. Die meisten von ihnen wohnen in normalen Holzhäusern, fahren mit Schneemobilen statt Hundeschlitten und gehen im Supermarkt einkaufen statt auf die Jagd. Sie fühlen sich hin- und hergerissen zwischen den Traditionen ihrer Vorfahren und dem modernen Leben. Sie glauben, dass ihre Kultur nicht zu dem Leben passt, das die Europäer ihnen über viele Jahre aufgezwungen haben.

bekommen ein bisschen Wasser zu trinken, sonst nichts. Sie sollen Churchill in schlechter Erinnerung behalten und in Zukunft einen Bogen um Städte und Menschen machen!

„Wir fliegen regelmäßig Bären mit dem Hubschrauber nach Norden, damit wir wieder Platz haben. Komm morgen vorbei, dann nehmen wir dich mit", sagt der Eisbären-Polizist Shaun. Super, vielleicht kann ich morgen wirklich einen Eisbären streicheln! Shaun nimmt mich im Auto mit zurück zum Hotel, damit ich nicht doch noch von einem Bären gefressen werde.

Arktis

Im Hotel treffe ich Péter wieder, den Eisbärenforscher. Er nimmt mich auf einen Ausflug in die Tundra mit und will mir mehr über Eisbären erzählen. Nach einer kurzen Fahrt im Jeep stehen wir vor einem sogenannten *Tundra Buggy®*.

Diese weißen Ungetüme sind die idealen Eisbären-Beobachtungs-Mobile für Eisbären-Fans wie mich: Wie in einem Reisebus sitzt man da drin, ein Ofen macht es mollig warm, und hinten gibt es eine Aussichtsplattform. Mit ihren riesigen Reifen kommen die Buggys im Gelände gut voran, und die Eisbären sind zu weit unten, um sich einen Menschen zu schnappen. „Wahnsinn, der Reifen ist ja größer als ich!", rufe ich.

Eisbärenforscher arbeiten normalerweise vom Hubschrauber aus und fahren nicht mit solchen Buggys. Péter begleitet mich trotzdem. Wir stehen hinten auf der Aussichtsplattform, und ich frage einfach drauflos:

Willi: Das Wichtigste zuerst: Wie wird man Eisbärenforscher?
Péter (lacht): Ein Rezept gibt es da leider nicht. Erst mal wird man Biologe, dann braucht man Glück. Es gibt nämlich nur sehr wenige Eisbärenforscher auf der Welt, weil die Forschung schwierig und teuer ist. Die meisten Eisbärenforscher haben mit anderen Tieren angefangen: Braunbären, Tiger, Elefanten, Ameisen oder Spinnen können genauso spannend sein!

Eisbären sehen so kuschlig aus. Aber näher als im weißen Buggy sollte man einem neugierigen Bären wirklich nicht kommen.

Willi: Hast du schon mal eine echte Eisbärentatze in der Hand gehabt?
Péter: Ja. Natürlich von einem betäubten Bären. Die Tatzen sind richtig schön breit, damit die Bären im Schnee nicht einsinken. Und sie haben kleine Häute zwischen den Zehen, fast wie Schwimmhäute.

Willi: Die haben Schwimmhäute?
Péter: Eisbären sind richtig gute Schwimmer! Sie können bis zu 10 km/h schnell und ohne Probleme 100 Kilometer weit schwimmen. Ihre Tatzen funktionieren wie ein kleines Ruder. Sie paddeln mit den vorderen Pfoten und steuern mit den hinteren. Eine Pfote ist ungefähr so groß wie unsere vier Hände zusammen, 30 Zentimeter, also eine Lineal-Länge.

Der weltweite Klimawandel

Unser Klima verändert sich. Es wird wärmer auf der Welt. Hitzewellen und Eiszeiten hat es zwar immer gegeben, diese Erwärmung hat aber erstmals der Mensch selbst verursacht. Sie wird in der Arktis am deutlichsten: In den letzten fünf Jahren ist das Eis dort im Durchschnitt um einen halben Meter dünner geworden. Die Arktis erwärmt sich etwa dreimal so schnell wie der Rest der Erde.
Man kann sich die Welt wie ein riesiges Gewächshaus vorstellen. In ein Gewächshaus scheint die Sonne hinein, bringt Licht und Wärme. Die Glasscheiben halten die Wärme drinnen, und die Blumen können blühen. Die „Scheiben" unseres Erdballs sind die sogenannten Treibhausgase. Sie halten die Wärme auf der Erde fest und machen ein Leben für Menschen, Tiere und Pflanzen erst möglich.

Im Gewächshaus können sich Pflanzen besonders gut entwickeln.

Hitzefrei für das Welt-Gewächshaus!

Das wichtigste von diesen Gasen ist Kohlendioxid (CO_2). CO_2 entsteht zum Beispiel, wenn Menschen und Tiere ausatmen, aber auch wenn Brennstoffe wie Erdöl, Erdgas oder Kohle verbrannt werden. Vor allem Fabrikschornsteine und Autoauspuffe blasen viel CO_2 in die Luft. Weil es immer mehr Menschen auf der Welt gibt, die Auto fahren, einkaufen, heizen und fliegen wollen, produziert die Welt zu viel CO_2. Die „Gasscheiben" des Welt-Gewächshauses werden zu dick. Weil nicht mehr genügend Wärme ins Weltall verschwinden kann, steigen die Temperaturen auf der Erde.
Für die Arktis bedeutet das: Das Eis schmilzt im Frühling früher und friert im Herbst später. Den Eisbären bleibt weniger Zeit, Robben zu jagen. Sie werden immer dünner. Dünne Eisbärenmamas bekommen weniger Nachwuchs. Und wenn sie noch dünner werden, könnten die Fettreserven nicht mehr reichen, die Fastenzeit im Sommer zu überleben.
Den Klimawandel spüren aber nicht nur die Eisbären: Wenn überall auf der Welt Gletscher schmelzen, fließt mehr Wasser ins Meer. Der Meeresspiegel steigt und bedroht Städte, die nah an der Küste gebaut sind.

Als Bewohner der Tundra bekommen die Inuit den Klimawandel direkt mit: Das Eis wird brüchiger, es gibt weniger Robben, Eisbären sind dünner. Für diese neue Gefahr gab es in ihrer Sprache gar kein Wort. Jetzt sagen sie silaup asijjipallianinga, das bedeutet: „der sich schrittweise vollziehende Wetterwechsel".

Obwohl es in der Arktis schneller wärmer wird als im Rest der Welt, wirkt sich die Erwärmung auf jeden Teil der Erde aus: Regenwälder werden trockener, Wüsten breiten sich aus. Die ersten Anzeichen spüren wir auch in Deutschland: Es gibt zum Beispiel seltener Schnee im Winter, dafür öfter Überschwemmungen, Stürme und Unwetter.

Arktis

Die ANTarktis ist die, die der Arktis gegenüberliegt

„Unten" auf der Weltkarte, also rund um den Südpol, gegenüber der Arktis, liegt die ANTarktis. Sie ist größer als Europa und fast vollständig mit Packeis bedeckt. In der Antarktis gibt es mehr als 80 internationale Forschungsstationen. Dort leben viele Wissenschaftler immer für kurze Zeit. Ansonsten ist die Antarktis menschenleer, kalt, stürmisch und weitgehend unentdeckt.

Das freut ihre bekanntesten Bewohner: die Pinguine. Hier leben auch die über einen Meter großen **Kaiserpinguine**. Wenn man auf die Weltkarte schaut, heißt das also: Der „König der Arktis" wohnt oben im Norden, der „Kaiser der Antarktis" unten im Süden. Eisbär oben, Pinguin unten. Die beiden werden sich aber nie treffen.
Die Antarktis ist die kälteste Region der Welt: Hier wurden schon – 89,2 °C gemessen. Kälterekord! Das Eis der Antarktis ist stellenweise viereinhalb Kilometer dick. Die Eisberge sind ein riesiger Süßwasserspeicher. Acht von zehn Litern des Trinkwassers auf der Erde schlummern als Eisberg in der Antarktis.

„König der Arktis" oben, Kaiserpinguin in der Antarktis unten. Die beiden werden sich in freier Natur nie begegnen.

Willi: Worum geht's bei deiner Eisbären-Forschung genau?
Péter: Wir schauen uns an, was der Klimawandel für die Eisbären bedeutet: leider nichts Gutes! Wir fangen jeden Sommer Eisbären, wiegen und messen sie, und einige Weibchen kriegen ein sogenanntes *GPS-Halsband*. Das sendet das ganze Jahr über Signale an Satelliten. Im nächsten Jahr schauen wir nach, wie viele überlebt haben und wie viel Nachwuchs es gibt. Diese Informationen vergleichen wir dann mit Zahlen von früher, als der Klimawandel noch nicht so schlimm war.

Willi: Ich habe gehört, Eisbären könnten aussterben?
Péter: Das kann gut sein, ja. Hier in Churchill fasten die Bären zurzeit etwa vier Monate im Jahr, demnächst vielleicht fünf. Und irgendwann reichen die Fettreserven der Weibchen nicht mehr, um im Herbst Junge zu bekommen. Auch für junge und kleine Eisbären mit wenig Fettreserven könnte es schwer werden, längere Sommer zu überleben.

Willi: Merkt ihr das jetzt schon?
Péter: Ja. Die Bären sind im Durchschnitt kleiner und leichter geworden. Sie haben weniger Fett und bekommen weniger Nachwuchs. Wir machen uns große Sorgen, dass das noch schlimmer wird!

Willi: Können die Bären nicht an Land was anderes fressen?
Péter: Unwahrscheinlich. Der Eisbär hat sich seit mindestens 200.000 Jahren an das Leben auf dem Eis angepasst. Er weiß, wie er die Robben erwischt. Ein Karibu zum Beispiel würde ihm einfach davonlaufen. An Land könnten die Bären ein paar Beeren oder kleine Nagetiere essen, aber das würde ihnen niemals genügen.

Ob Eisbären einen Sonnenuntergang über der arktischen Tundra romantisch finden?

Der Buggy-Fahrer stellt den Motor ab. Um uns herum liegen zwölf Bären faul im Schnee und sparen Energie. Sie haben sich längst an die weißen Buggy-Ungetüme gewöhnt. Es ist faszinierend: Wir sind keine zehn Meter von diesen gefährlichen Raubtieren weg und trotzdem in Sicherheit!

Willi: Kann es passieren, dass hier bald keine Eisbären mehr faulenzen?
Péter: Ja. Weltweit gibt es noch zwischen 20.000 und 25.000 Eisbären. Also nicht so viele. Gerade die an der Hudson Bay sind gefährdet, weil es hier relativ warm wird. Vor zehn Jahren lebten hier etwa 1.200 Eisbären, jetzt sind noch rund 900 übrig.

Willi: Daran ist der Klimawandel schuld?
Péter: Es spricht vieles dafür: Nach manchen Schätzungen könnten bis 2050 nur noch ein Drittel, also viel weniger als die Hälfte, der heutigen Eisbären übrig sein.

Mit dieser schlechten Nachricht müssen wir uns auf den Rückweg ins Hotel machen. Es wird dunkel.

Tiere in der Arktis: Der Polarfuchs

Der Fuchs bei uns zu Hause ist rotbraun, gut getarnt in Feld und Wald. Der Polarfuchs *in der Arktis hat ein weißes Winterfell. So sieht ihn seine Leibspeise nicht sofort. Der Polarfuchs isst gerne* Lemminge *(Nagetiere, die etwa aussehen wie Meerschweinchen). Und manchmal die Reste von einer Eisbärenmahlzeit. Der Polarfuchs hat im Unterschied zu unserem Fuchs außerdem eine deutlich kürzere Schnauze, kürzere Beine, sehr kleine Ohren und ein dichtes Fell. So verliert er wenig Körperwärme und übersteht Temperaturen bis − 70 °C.*

Arktis

Das schaffen nicht viele Menschen in ihrem Leben: Willi streichelt einen echten Eisbären!

Heute begleite ich einen HerBÄRgs-Bären in die Wildnis! Polizist Shaun muss lachen, als er mich sieht: „Wo ist dein Bärenkostüm?", fragt er. Das brauche ich nicht mehr, jetzt geht's um echte Bären!

Shaun verschwindet in der Halle und kommt mit einem vierrädrigen Motorrad heraus. Hinten auf dem Anhänger liegt der bärige Fluggast. Die Bären bekommen eigentlich nur Nummern, aber ich nenne sie Martha. Sie ist 350 Kilo schwer und seit zehn Tagen in der Bären-Pension. Ihre Zunge hängt schräg aus dem Maul. „Keine Angst, Willi, sie schläft nur", sagt Shaun. Martha wurde betäubt, damit sie vom Flug nichts mitbekommt. Sie wird in ein Netz mit großen Maschen gelegt, das so aussieht wie das Einkaufsnetz von meiner Omi. Nur viel größer. Mit Haken und Seil befestigen Shauns Kollegen das Eisbären-Paket unten am Hubschrauber.

Hubschrauberpilot Tony hebt den Daumen. Er ist startklar. Ich springe auf den Kopiloten-Sitz. Die Rotorblätter machen einen Höllenlärm und wirbeln einen kleinen Schneesturm auf. Wir heben ab. Schlummer-Martha kriegt davon nichts mit. Das Seil unter dem Helikopter spannt sich, und die „weiße Riesin" erhebt sich langsam in die Luft.

Eisbären-Ausflug in die Freiheit

„Wir fliegen die Bärin 60 Kilometer nach Norden in die Tundra und hoffen, dass sie diesen Winter nicht mehr in die Stadt kommt. In der Bärensaison müssen wir alle paar Tage Bären ausfliegen, damit wir wieder Platz haben", erklärt mir Tony unterwegs.

Der zweite Hubschrauber, in dem Shaun und seine Kollegen sitzen, ist schon gelandet. Sie passen auf, dass auch Martha eine sanfte Landung hinlegt. Butterweich! „Fass mit an, wir müssen sie aus dem Netz bekommen", sagt Shaun. Martha schläft noch, ich habe aber großen Respekt vor ihr. Trotzdem packe ich natürlich mit an.

Arktis 55

Eisbären-Ausflug: Mit einem Hubschrauber wird die Bärin weit weg von der Stadt und den Menschen gebracht.

Sag mal, Tony!

Was passiert eigentlich, wenn ihr eine Eisbärenmama und ihre Kinder ausfliegt?
Die Mama kommt betäubt ins Netz, die kleinen Bären betäubt auf den Rücksitz vom Helikopter. Es fliegt immer ein Pfleger mit, der sich um die Bären kümmert. Am Ziel legen wir die Kleinen ganz nah zu ihrer Mama, damit sie sie beim Aufwachen gleich riechen und sehen können.

Braucht ihr einen besonderen Hubschrauber?
Ein ganz normaler genügt. Unserer ist über 200 km/h schnell und hat mehr als 600 PS. Wir können damit Eisbären transportieren, die jeweils bis zu 500 Kilogramm wiegen. Aber das Wichtigste ist, dass der Pilot eine gefühlvolle Landung hinbekommt, durch die sich der Bär nicht verletzt.

Zum ersten und wahrscheinlich einzigen Mal in meinem Leben berühre ich einen Eisbären! Ui, fühlt sich gar nicht kuschelig an, sondern hart wie Schweineborsten. Ich werde mutiger und streiche Martha über den Rücken. Plötzlich bewegt sich ihr Kopf! Ich mache einen Riesensatz rückwärts. „Schnell weg, sie wacht auf!", rufe ich. „Keine Gefahr", sagt Shaun, „sie wacht sehr langsam aus der Betäubung auf." Es dauert noch, bis sie aufstehen und mich verspeisen könnte.

Wir lassen Martha in Ruhe und Freiheit zurück. Sie ist da, wo sie hingehört, und die Menschen in Churchill sind erst einmal vor ihr sicher. Mach's gut, mein HerBÄRgs-Mädchen!

Pilot Tony hat schon viele Eisbären in die Freiheit geflogen.

Bärchen, haltet die Ohren steif!

Wow, das war ein unbeschreiblich schönes Gefühl! Ich hätte nie gedacht, dass ich wirklich einmal einen echten Eisbären streicheln kann! Das werde ich mein ganzes Leben nicht vergessen. Ich kann's gar nicht in Worte fassen: Angst einflößend und wunderschön!

Unbeschreiblich kalt war's aber auch in der Arktis. Jetzt freue ich mich auf ein heißes Bad. Und auf ein Bad in der Menge! Nächste Haltestelle: die Megacity Tokio in Japan.

Arktis 57

Und jetzt ihr!

Hoffentlich ist im Flugzeug geheizt! Ihr könnt euch in der Zwischenzeit mit der schönen, warmen und kuschligen Mitmachseite zur Arktis beschäftigen. Viel Spaß!

Willis Wissenstraining

Nicht schummeln!

Was heißt „zwei Menschen" in der Sprache der Inuit?
Antwort: Inuuk

Und wie sagen sie zum Eisbären?
Antwort: Nanuq

Wie viele Wörter für verschiedene Arten von Schnee fallen euch ein?
Antwort, zum Beispiel: Pulverschnee, Pappschnee, Nassschnee, Neuschnee, Tiefschnee, Firn, Schneematsch, Faulschnee, Harsch, Schneesturm, Schneegestöber, Feuchtschnee, Schneeregen, Schneewehen …

Ausprobieren

Experiment Nummer 1

Die Arktis schmilzt!
Ihr braucht ein altes Marmeladenglas, füllt Wasser hinein und werft zwei Eiswürfel dazu. Markiert mit einem Stift genau, wie hoch das Wasser steht. Jetzt heißt's: abwarten. Was passiert mit dem Wasserspiegel, wenn die Eiswürfel geschmolzen sind?
Ergebnis: Nichts. Er bleibt gleich. Wenn der Eiswürfel die Arktis darstellt, ergibt sich: Ein Abschmelzen der Arktis würde den Meeresspiegel nicht anheben, weil das ganze Wasser in Form von Eis auch jetzt schon da ist und auf dem Meer schwimmt. Wenn das Eis der Arktis schmilzt, bleibt der Meeresspielgel gleich. Genau wie in eurem Wasserglas.

Experiment Nummer 2

Gletscher und Antarktis schmelzen!
Legt einen Eiswürfel auf einen Teller und lasst ihn schmelzen.
Ergebnis: Der Teller war vorher trocken und ist hinterher nass. Wäre der Teller das Festland, über dem der Gletscher wegschmilzt, bedeutet das: Der Meeresspiegel steigt dramatisch. Dieses Wasser liegt nämlich bisher als Eis auf dem Festland. Schmilzt es, fließt ganz viel Wasser zusätzlich ins Meer. Der Meeresspiegel steigt, genau wie der Wasserspiegel auf eurem Teller.

Mitmachen

Wir alle gegen den Klimawandel:

Auch kleine Schritte helfen, dass dem Eisbären nicht so schnell das Eis unter den Tatzen wegschmilzt:

* Flugzeuge und Lastwagen produzieren klimaschädliches CO_2. Deshalb ist es schlauer, Obst und Gemüse auf dem Markt nebenan zu kaufen. Einheimische Produkte müssen nicht erst von weit her mit Flugzeugen und Lkws zu euch nach Hause gebracht werden. Sie sind ja schon da!
* Das gilt natürlich für alle Bereiche, zum Beispiel auch für Klamotten: Schaut lieber, dass ihr Sachen bekommt, die in der Nähe hergestellt werden.
* Auch das Auto verursacht CO_2. Wann immer es möglich ist, solltet ihr und eure Eltern auf das Auto verzichten. Fahrrad fahren macht fit und viel mehr Spaß!
* Energie wird immer kostbarer: Wenn ihr im Winter die Heizung nicht volle Pulle aufdreht und stattdessen lieber einen Pulli anzieht, spart ihr Energie, Abgase und eure Eltern sparen Geld. Aber natürlich müsst ihr deshalb nicht frieren!
* Eine Klimaanlage – egal ob im Auto oder im Haus – braucht unglaublich viel Energie. Ist es wirklich so heiß, dass ihr's ohne Klimaanlage gar nicht aushalten könnt?

Feldversuch mit Schnee: Wir bauen ein Iglu!

Ihr braucht: dicke Handschuhe und Klamotten, eine Schneesäge, eine Schneeschaufel, ein Maßband und: viel Schnee.

So geht's: Der Schnee sollte möglichst gut gefroren sein. Wenn ihr auf der Schneedecke stehen könnt, ist der Schnee richtig. Markiert am Boden einen Kreis mit ungefähr zwei Metern Durchmesser. Dann sägt ihr möglichst große und gleichmäßige Blöcke (50 Zentimeter breit, 30 Zentimeter lang und 20 Zentimeter dick) aus dem Schnee. Lasst euch dabei am besten von einem Erwachsenen helfen.

Die Blöcke ordnet ihr leicht nach innen geneigt (vorsichtig, sie dürfen nicht umfallen!) im Kreis an. Dann geht es spiralförmig, mit kleiner werdenden Blöcken nach oben, bis das Dach zu ist.

Zum Schluss müsst ihr möglichst tief unten im Schnee einen Eingang graben. Je tiefer und kleiner der ist, desto weniger kalte Luft kommt hinein. Ein kleiner Kamin ist wichtig für frische Luft drinnen. Jetzt noch die Ritzen mit Schnee verschmieren – fertig.

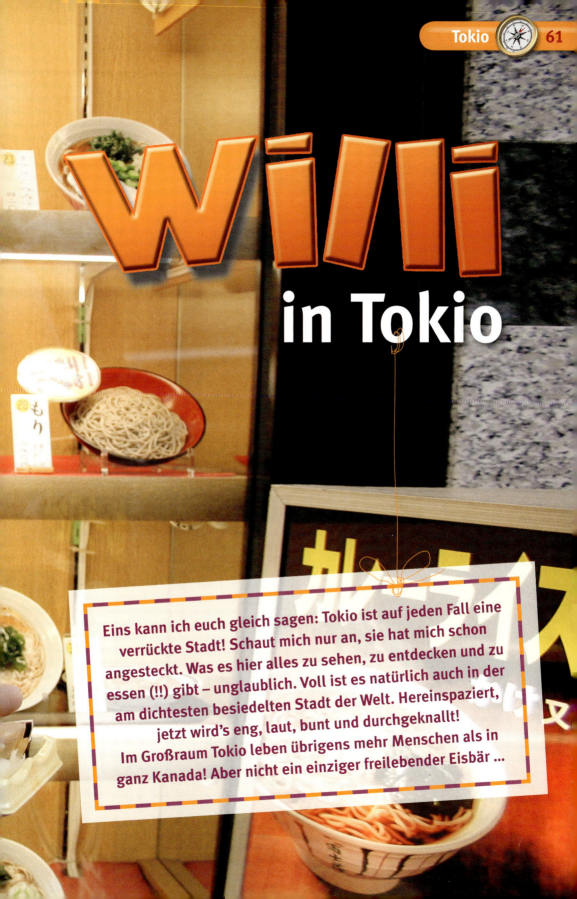

Willi in Tokio

Eins kann ich euch gleich sagen: Tokio ist auf jeden Fall eine verrückte Stadt! Schaut mich nur an, sie hat mich schon angesteckt. Was es hier alles zu sehen, zu entdecken und zu essen (!!) gibt – unglaublich. Voll ist es natürlich auch in der am dichtesten besiedelten Stadt der Welt. Hereinspaziert, jetzt wird's eng, laut, bunt und durchgeknallt!
Im Großraum Tokio leben übrigens mehr Menschen als in ganz Kanada! Aber nicht ein einziger freilebender Eisbär …

Tokio

LÄNDERINFO JAPAN

Größe
377.899 Quadratkilometer oder 53 Millionen Fußballfelder. Japan ist ein kleines Stück größer als Deutschland.

Einwohner
128 Millionen. In Japan leben umgerechnet mehr als zwei Menschen auf der Fläche eines Fußballplatzes.

Großraum Tokio
Tokio ist fast so groß wie zwei Millionen Fußballfelder und hat damit ungefähr die Fläche des gesamten Bundeslandes Schleswig-Holstein. In Tokio wohnen 34 Millionen Menschen – nirgendwo auf der Welt leben mehr Menschen enger zusammen. In Tokio müssen sich fast 18 Menschen den Platz von der Größe eines Fußballplatzes teilen! Hier leben neunmal so viele Menschen wie in Berlin.

Sprache
Japanisch

Zeitverschiebung
München – Tokio: + 8 Stunden

 Deutschland
12:00 Uhr mittags
 Tokio/Japan
20:00 Uhr abends

Entfernung von München
9.385 Kilometer (Luftlinie nach Tokio)

Übrigens ...
Der Name Japan bedeutet frei übersetzt „Land der aufgehenden Sonne". Japan ist der viertgrößte Inselstaat der Welt. Neben den Hauptinseln Hokkaidō, Honshū, Shikokū und Kyūshū gehören noch fast 7.000 kleinere Inseln dazu.

So wie ich gerade müssen sich die armen kleinen Fische fühlen, die dicht an dicht in kleine Sardinenbüchsen aus Blech gepresst werden. Einziger Unterschied: Ich liege nicht zu Hause im Kühlschrank, sondern stehe in der U-Bahn in Tokio, der engsten Stadt der Welt! Neben mir quetscht einer, der ist zwei Köpfe größer als alle anderen und doppelt so breit. Ich finde heraus: Er heißt Torsten und ist aus Deutschland! Torsten ist ganz schön dick. Aber nicht, weil er gerne Sahnetorte isst. Er muss so dick sein!

Torsten ist nämlich Sumo-Ringer. Genauer gesagt der erfolgreichste Amateur-Sumotori der Welt außerhalb Japans. Er war schon dreimal Amateur-Weltmeister, hat er mir erzählt. Sumo ist ein uralter japanischer Ringkampf-Sport. Und Torsten kommt regelmäßig zum Trainieren nach Japan. Wir steigen gemeinsam aus der U-Bahn und er zeigt mir, in welche Richtung ich muss. Dann ist er weg.

Und ich bin alleine, mitten in Tokio. Alleine unter tausenden, ach was: Millionen von Menschen und lasse mich treiben in der Welle aus schwarzen Anzügen und weißen Hemden, die die U-Bahn ausgespuckt hat. Ich falle richtig auf in meinem bunten Pulli. Willi, der bunte Hund von Tokio! Nase an Hinterkopf geht es durch endlose Gänge und Tunnel, vorbei an bunten Schildern mit lustigen Schriftzeichen, die ich nicht verstehe. Tageslicht! Wow, und nichts als Wolkenkratzer, Leuchtreklame, Beton. Ich habe keine Ahnung, wo ich hingehen soll.

Tokio

In der überfüllten U-Bahn lerne ich Torsten kennen.

So weit das Auge reicht: Wolkenkratzer und Beton. Was für ein Unterschied zu Regenwald und Arktis!

Übrigens
Den Wahnsinn beim Namen nennen

Eine Großstadt hat mehr als 100.000 Einwohner, eine Millionenstadt mehr als eine Million. Eine Megacity: mehr als 5 Millionen Einwohner. Zu Megacity mit mehr als 20 Millionen Einwohnern kann man auch Metastadt oder Hypercity sagen. Tokio war der erste Großraum, der 20 Millionen Einwohner erreichte, und damit die erste Metastadt der Welt.

Wo wohnen die meisten Menschen?

	Großraum	Land	Einwohner
1	Tokio	Japan	34 Millionen
2	Seoul	Südkorea	24 Millionen
3	Mexiko Stadt	Mexiko	23 Millionen
4	Delhi	Indien	22 Millionen
5	Mumbai	Indien	22 Millionen
6	New York	USA	22 Millionen
...			
54	Ruhrgebiet	Deutschland	6 Millionen
82	Berlin	Deutschland	4 Millionen

Quelle: Thomas Brinkhoff: City Population, http://www.citypopulation.de

Tokio

Wahnsinn Tokio: Nichts als Beton, Stahl, Glas, Hochhäuser, Leuchtschilder, Autos, Menschen ...

Mit diesem Foto muss ich Azusa in den Menschenmassen finden ...

Menschen und Verkehr wuseln an mir vorbei. Es ist ganz schön laut. „STOOPPP!" Niemand reagiert. Ich habe mich mit Azusa verabredet. Sie spricht Deutsch und hat versprochen, mich durch den größten aller Großstadtdschungel zu begleiten: ihre Heimatstadt Tokio. Ich weiß, dass wir uns an der Shibuya-Kreuzung treffen. Das müsste diese hier sein. Nur, wo ist Azusa? „Azusa, bist du Azusa? Hallo, Azusa ..?"

Ich habe bisher nur dieses Foto von ihr. „Azusa? Hallo, Azusa? Entschuldigung, bist du ..?" Hmmm. Gar nicht so einfach. „Willi?" „Azusa! Endlich!" Bei der Begrüßung trete ich gleich in mein erstes japanisches Fettnäpfchen: Ich strecke Azusa die rechte Hand entgegen. Sie lacht. Weil sie lange in Deutschland gelebt hat, kennt sie diesen „Fehler": Japaner geben sich nämlich nicht die Hand, sondern verbeugen sich voreinander.

In der Stadt Tokio stehen ziemlich viele Hochhäuser herum, die unbedingt erdbebensicher gebaut sein müssen. Hier wackelt die Erde nämlich mehr als einhundert Mal im Jahr. Für die vielen Autos von so vielen Menschen ist natürlich auch kein Platz. Deshalb darf sich in Tokio nur ein Auto kaufen, wer einen eigenen Parkplatz hat. Aber Auto fahren ist hier sowieso nicht sehr schlau: Meistens ist Stau. Schneller geht's mit der U-Bahn, dem Fahrrad oder zu Fuß.

Azusa, was heißt eigentlich Stopp auf Japanisch? – „tomattää!" Wie, Tomate? „Nein, Willi, 止まって！ Ääh, ich meine: tomattää", sagt Azusa. Klingt lustig. Das kann ich mir merken.

Tokio

Über die Shibuya-Kreuzung wuseln unglaublich viele Menschen – es sieht aus wie auf einer Ameisenautobahn!

Alle gehen!
Die Shibuya-Kreuzung

Die Shibuya-Kreuzung ist wahrscheinlich der schlechteste Treffpunkt der Welt. Alle vier Fußgängerampeln schalten gleichzeitig auf Grün, und dann laufen bis zu 15.000 Menschen gleichzeitig aufeinander zu. Angeblich ist hier mehr Verkehr als irgendwo anders auf der Welt. Jeden Tag sollen zwei bis drei Millionen Fußgänger über die Kreuzung laufen. Das sieht aus wie eine große Ameisenstraßen-Kreuzung bei Nico im Regenwald. Nur dass die Ameisen keine Ampeln brauchen. Zum Glück habe ich Azusa an dieser verrückten Kreuzung überhaupt gefunden!

Die, die die Wolken kitzeln: die höchsten Häuser der Welt

	Name	Ort	Land	Höhe	Stockwerke	fertig?
1	Burj Dubai	Dubai	Emirat Dubai	geheim	geheim	2009 (geplant)
2	Taipei 101	Taipeh	Taiwan	509 Meter	101	2004
3	World Financial Center	Shanghai	China	492 Meter	101	2008
4	Petronas Towers	Kuala Lumpur	Malaysia	452 Meter	88	1998
5	Sears Tower	Chicago	USA	442 Meter	108	1974

Das *Empire State Building* in New York war von 1931 bis 1972 das höchste Gebäude der Welt. Im Vergleich zu den neuesten Wolkenkratzern sieht es mit 381 Metern und 102 Stockwerken fast klein aus. Und erst recht der Commerzbank-Tower in Frankfurt am Main. Er ist mit 259 Metern das höchste Haus in Deutschland – winzig!

Das jetzt schon höchste Haus *Burj Dubai* soll, wenn's fertig ist, deutlich höher als 800 Meter werden. Aber der Ehrgeiz der Architekten ist noch lange nicht gestillt. Überall auf der Welt liefern sie sich einen Wettlauf, wer den ersten Wolkenkratzer baut, der höher als einen Kilometer in die Luft ragt. Ein saudi-arabischer Prinz plant sogar schon einen 1.600 Meter hohen Turm.

Nur noch die Nummer zwei der Welt: Taipei 101

Tokio

Mitten auf der Shibuya-Kreuzung frage ich Azusa, wie die Menschen in Tokio, die übrigens *Tokioter* heißen, diese Enge ertragen. „Japaner beklagen sich nicht", sagt Azusa. „Die können einiges aushalten."

Plötzlich klatscht ein Fußball direkt vor mir aufs Pflaster. Er muss vom Himmel gefallen sein! Ich bin verwirrt, aber Azusa lacht und weiß Bescheid. Wir nehmen den Ball und steigen in einen gläsernen Aufzug.

Achtung, Kopfball!

Oben angekommen, staune ich nicht schlecht: Auf dem Hochhaus-Dach ist ein richtiger Fußballplatz! Mit Flutlicht, Bandenwerbung und allem Drum und Dran. Zwölf Jungs kommen sofort auf uns zugestürmt und wollen ihren Ball zurück. Ein Meisterschütze hat wirklich durch ein kleines Loch im Netz getroffen, das eigentlich die Bälle oben halten soll.

Kicken mit Aussicht: In Tokio gibt es Sportplätze auf Hausdächern.

Direkt an einer der belebtesten Kreuzungen der Welt spielen Kinder Fußball. Geniale Idee: Weil unten kein Platz ist, nutzen die Japaner ihre Hausdächer zum Beispiel als Sportplätze. Erstens geht es nicht anders, und zweitens ist die Luft in der Höhe sowieso besser.

Jetzt wird's aber wirklich Zeit, diese verrückte Stadt anzuschauen. Wir laufen zu Azusas Auto. Ich hoffe, sie weiß noch, wo sie es geparkt hat ...

Sehr lustig: In Deutschland spielt man Fußball in der Halle, in Japan sogar manchmal auf dem Dach vom Wolkenkratzer.

Klimawandel und Überbevölkerung

Nicht nur in Tokio ist es voll: Heute leben viermal so viele Menschen auf der Erde wie vor 100 Jahren. Weil sie jetzt von Ärzten besser versorgt werden, sterben weniger Menschen, und die alten Leute werden immer älter. Immer mehr Menschen ziehen in Städte, weil es dort mehr Arbeitsplätze, Geschäfte, Schulen und Krankenhäuser gibt. Vor 100 Jahren haben die meisten Menschen noch auf dem Land gelebt. Jetzt sind es etwa gleich viele in der Stadt und auf dem Land.

Weil es den Menschen auf der Welt im Durchschnitt besser geht als früher, können sie sich mehr leisten: ein Radio vielleicht, einen Fernseher oder sogar ein Auto. All diese Luxusgüter verbrauchen Strom, der meist aus fossilen Brennstoffen gewonnen wird (also welche, die alle über Jahrmillionen in der Erde entstanden sind): Erdöl, Kohle oder Erdgas. Noch mehr verbrauchen die Fabriken, die diese Luxusgüter herstellen.

Mehr Fabriken verbrauchen mehr Brennstoffe und blasen dabei mehr Schadstoffe in die Luft. Diese Schadstoffe wiederum verursachen den sogenannten Klimawandel (siehe dazu auch Seite 51). Jeder Mensch trägt also ein bisschen dazu bei, indem er heizt, reist und Sachen kauft.

Das Klima-Karussell dreht sich immer schneller

Je mehr Menschen es gibt, desto mehr wollen etwas essen. Logisch. Damit Äcker für den Anbau von Reis, Gemüse oder Getreide entstehen, werden zum Beispiel im Regenwald Bäume abgeholzt. Oder aus Wald werden Wiesen gemacht, auf denen Rinder und Schafe grasen, die hinterher im Kochtopf landen.

Bis die Lebensmittel aber in unseren Supermarkt-Regalen, stehen, haben sie oft schon eine lange Reise hinter sich. Lastwagen, Schiffe und Flugzeuge verbrauchen wieder Brennstoffe und verpesten die Luft. Je mehr Menschen auf der Erde leben, desto schneller verändert sich das Klima, und desto intensiver müssen wir versuchen, die Verschmutzung zu reduzieren und Rohstoffe zu sparen.

Viele Menschen in Tokio haben auch viele Autos. Die Autobahnen sind teilweise mehrstöckig übereinander gebaut.

Tokio

Auch Azusas blaues Mini-Auto steht in Tokio meistens im Stau.

Unglaublich: Die Achterbahn fährt durch ein Loch in der Wand!

Wir haben Azusas Auto gefunden. Wahrscheinlich ist das eine goldene Tokio-Grundregel: Vergiss nie, wo dein Auto steht. Sonst ist es für immer verschwunden ... Azusa fährt ein blaues Platzspar-Auto, das aussieht wie ein Schuhkarton. Damit gondeln wir vorbei an riesigen Supermärkten, kunstvoll verknoteten Straßen und einer Achterbahn, die durch ein Hochhaus führt! „Sofort tomattää!", rufe ich. Das muss ich ausprobieren! Ich gebe Azusa meinen Rucksack, Geldbeutel und alles, was mir aus der Tasche fliegen könnte, und laufe los.

„WAAAHNSINN!" Der Blick über die ganze Stadt – bleibt nur ein paar Sekunden. Dann schießt der Wagen in die Tiefe, durch ein großes Loch in der Wand. „Azusa, was heißt ‚supercool' auf Japanisch?", frage ich hinterher. *„Sugoi",* sagt sie. Genau: „Das war suggooooi!"

Kleine Abenteuer – auch im Suppentopf

Aufregung macht hungrig. Azusa bringt mich in ihr Lieblingsrestaurant. Sie bestellt – und ich esse. Das haben wir ausgemacht. „Das sind rohe Seeohren", sagt Azusa. Seeohren!? Ich weiß bis heute nicht, was das genau ist, und will mich ehrlich gesagt auch nicht an den Geschmack erinnern ...

Jetzt steht das japanische Nationalgericht *Sushi* vor mir auf dem Tisch. Dabei wird roher Fisch oder Gemüse mit klebrigem Reis zum Beispiel in getrockneten Algen eingewickelt. Lecker! Im Jahr 2000 haben ein paar Japaner die längste Sushi-Rolle aller Zeiten gerollt: Sie war genauso dick wie mein Sushi hier, aber mehr als einen Kilometer lang und wog mehr als zwei Tonnen. Weltrekord!

Übrigens
Lieber nicht direkt sagen, was man denkt

Nicht nur Sprache, Schrift und Essen sind anders als bei uns zu Hause. Japan hat auch eine besondere Kultur: Höflichkeit und Zurückhaltung sind unglaublich wichtig. Japaner entschuldigen sich oft und lehnen Geschenke oder Einladungen immer erst ein- oder zweimal ab. Auch wenn sie sich freuen und gerne zusagen möchten. Aus reiner Höflichkeit! Wenn Japaner „nein" meinen, sagen sie eher etwas wie „Hmm, das muss ich mir noch einmal überlegen".

Tokio 69

Das japanische Wort *Gohan* bedeutet gleichzeitig „Essen" und „gekochter Reis", sagt Azusa. Klebriger Reis, der sich mit Stäbchen gut essen lässt, ist bis heute das wichtigste Nahrungsmittel in Japan. Dazu gibt es viel frischen Fisch und frisches Gemüse.

Unter anderem wegen ihrer gesunden Ernährung leben Japaner länger als alle anderen Menschen auf der Welt: heute geborene Jungs werden im Durchschnitt 79, Mädchen fast 86 Jahre alt. Damit leben Japaner ungefähr vier Jahre länger als Deutsche.

Sushi gibt es in vielen Farben, Formen und Zusammensetzungen.

In Japan leben sehr viele sehr alte Menschen. Das hat auch mit Sushi zu tun, ihrem Nationalgericht.

„Wir müssen schleunigst los, Azusa!" Ich habe nämlich eine Verabredung mit einem Erfinder.

Achtung, Fettnapf!

Azusa erklärt mir die wichtigsten Dinge, die man als Gast in Japan beachten sollte:

✸ Japanische Wohnräume darf man niemals mit Straßenschuhen betreten. Man zieht immer Hausschuhe an, die einem vom Gastgeber ausgeliehen werden. Sogar in manchen Restaurants bekommt man Hausschuhe.

✸ In Japan gibt es sogar extra Klo-Hausschuhe! Nach dem Geschäft sollte man nicht vergessen, die Klo-Hausschuhe wieder gegen die Haus-Hausschuhe zu tauschen!

✸ Rülpsen ist nur in China ein Zeichen dafür, dass das Essen geschmeckt hat! Japaner finden das genauso unanständig wie wir!

✸ Japaner essen keine Hunde! Bei Koreanern und Chinesen soll es aber manchmal vorkommen, sagt Azusa.

✸ Suppe darf in Japan lautstark geschlürft werden.

✸ Nie mit dem nackten Finger oder einem Ess-Stäbchen auf andere Menschen zeigen, das ist sehr unhöflich.

✸ Niemals die Stäbchen in die Reisschüssel stecken, das wird nur bei Opfergaben für die verstorbenen Vorfahren gemacht.

✸ Bloß nicht: öffentlich lautstark schnäuzen! Private Geräusche sollten auch privat bleiben, finden Japaner. Im Notfall lieber „Hochziehen", als ein Taschentuch benutzen.

Tokio

Tosas verrückte Erfindungen machen viel Lärm und noch mehr Spaß!

Ich möchte euch Tosa vorstellen. Tosa ist Künstler, Musiker, Erfinder und Präsident seiner Firma *Maywa Denki*. Und ich glaube: Tosa ist ein klein wenig verrückt! Er baut echte Unsinns-Instrumente und gibt damit Konzerte. Seine Maschinen haben immer mit Strom zu tun, auf Japanisch *Denki*. Ich stehe in seiner Werkstatt und sehe nur Kisten, Köpfe und Kästen. Alle haben Augen oder Gesichter, drehen sich und machen Krach – oder alles gleichzeitig. Mittendrin steht Tosa in seinem türkisfarbenen Rennfahrer-Anzug und schaut ernst.

Tosa erfindet lustige Dinge. Zum Beispiel eine Mehrfachsteckdose, die aussieht wie ein Fischskelett, oder Schuhe, die mit Klöppeln selbstständig auf den Boden trommeln, ein „Hupensaxofon" oder einen Fächer aus sechs Gitarren, die automatisch unterschiedliche Melodien schrammeln.

Wenn der Lärm am größten ist, lacht Tosa am lautesten

Tosa spricht nur Japanisch, ich nur Deutsch. Aber das macht nichts. Gemeinsam Musik machen kann man in jeder Sprache. Er schnallt mir einen Rucksack mit Flügeln auf den Rücken. Außen an den Flügeln sind kleine Schellen. Und wenn ich auf den Schalter in meiner Hand drücke, trommelt und klappert das Ding wild drauflos …

Das macht so viel Spaß, ich mag gar nicht mehr aufhören, mit Tosa Lärm zu machen. „Wiiili wiiils wiiissseen, Wiilii wiillss wiissen …"

„Denki, Tosa – ääh, danke, Tosa!"

Wörter zeichnen und Sätze malen

„Zehn Japanel mit dem Kontlabass, saßen auf del Stlaße und elzählten sich was ... Moment mal! Da ist doch was nicht lichtig! Das walen doch Chinesen!"

Egal. Es stimmt wirklich: Chinesen und Japaner tun sich schwer mit der Aussprache von R und dem L. Und zwar deshalb, weil ihre eigenen Sprachen nicht zwischen R und L unterscheiden. Aber sie können es lernen, Azusa kann ja auch „Rhabarbertorte" sagen.

Teile der japanischen Schrift kommen aus dem Chinesischen. Die japanische Schrift setzt sich aus drei verschiedenen Arten von Zeichen zusammen. Die kompliziertesten sind die sogenannten Kanji. Die Kanji haben sich aus Bildern entwickelt, zum Beispiel dem Bild von einem Haus oder einem Pferd. Etwa 2000 Kanji lernt jedes Kind in der Schule, es gibt aber viel mehr.

Zum Beispiel

Dieses Kanji heißt zum Beispiel Ki und bedeutet „Baum". Wie es entstanden ist, kann man sich gut vorstellen, oder?

Und dieses Kanji heißt Mori, genau wie Azusa mit Nachnamen. Es zeigt nicht nur einen Ki, sondern drei. Drei Bäume ergeben einen Wald. Deshalb heißt Azusa Mori übersetzt Azusa Wald ...

Zusätzlich zu den vielen Kanji gibt es zwei Silben-Alphabete mit jeweils 46 Silben. Ein Silben-Alphabet, das sogenannte Hiragana, wird eingesetzt für japanische Füllwörter wie „und" oder „die" und für bestimmte Satzteile. Das andere Silben-Alphabet (Katakana) für nicht-japanische Fremdwörter wie Willi, Olaf, Computer oder Didgeridoo. Also insgesamt ganz schön viel zu merken, im Vergleich zu unserem Alphabet mit nur 26 Buchstaben.

Kanji, Katakana und Hiragana werden zu Sätzen kombiniert. Die Reihenfolge der Satzteile ist im Japanischen anders als im Deutschen.

Also zum Beispiel:

KATAKANA	HIRAGANA	HIRAGANA	KANJI	HIRAGANA	KANJI
ヴィリー	と	この	世界	の	奇跡
Willi	und	dieser	Welt	´s	Wunder

„Japaner lesen von oben nach unten und von rechts nach links. Aber das ist sicher nicht der Grund, warum ich hier kein einziges Wort verstehe."

Tokio

So ein lustiger Kerl, dieser Tosa. Ich glaube, wenn ich wieder nach Hause komme, werde ich auch Unsinns-Erfinder und Blödsinns-Musiker. Das macht fast so viel Spaß, wie Reporter zu sein. Fast ... So, jetzt schnell in die nächste U-Bahn, und dann treffe ich mich wieder mit Azusa. Hmm, ganz schön kompliziert, dieser U-Bahn-Plan von Tokio.

OJE! Ich kann ja gar keine Fahrkarte kaufen: Azusa hat noch meinen Rucksack samt Geldbeutel! Da ist mein Geld, mein Ausweis, ihre Adresse, ihre Telefonnummer – alles drin! Was soll ich denn jetzt machen? Klar kann man sich in jeder Stadt verirren. Kein Problem. Aber Tokio ist anders: Hier MUSS man sich verirren!

Orientierungslos, einsam und fern der Heimat

Nach-Hause-Finden ist ohne Geld und ohne Karte fast unmöglich! Ich laufe los und hoffe, dass ich irgendetwas wiedererkenne.

Japanische Ausdrücke zum Überleben

Was du sagen willst:	Wie es ungefähr klingen sollte:	Wie es auf Japanisch aussieht
Guten Tag	Konnnitschi wa	こんにちは
Auf Wiedersehen	Sajonara	さようなら
Bitte	Onegai schimas	お願いします
Danke	Arigatoh	ありがとう
Ja	Hai	はい
Nein	Iije	いいえ
Stopp!	Tomattää	止まって！
Entschuldigung	Sumimasen	すみません
Käsebrot	Tschieese Sando'itsch	チーズサンドイッチ
Rucksack	Ryukkusakku	リュックサック
Super!	Sugoi!	すごい！

Tokio 73

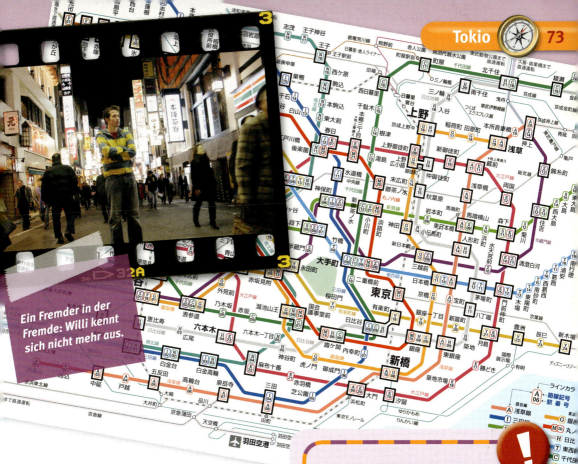

Ein Fremder in der Fremde: Willi kennt sich nicht mehr aus.

Sieht sich aber alles ziemlich ähnlich. In einem Park treffe ich wenigstens tierische Bekannte: „Hallo Ameisen. Wenigstens ihr seid da, meine treuen Begleiter um die Welt." Eigentlich ist ja ganz Tokio ein riesiger wuselnder Ameisenhaufen. „Ich weiß schon", sage ich, „ihr Ameisen seid stark, schlau und sogar so schwer wie alle Menschen zusammen. Aber ohne eure magische Duftspur findet ihr den richtigen Weg zu Azusa auch nicht, oder?"

Da! Das blaue Schuhschachtel-Auto! „Azusa!" Ich hetze hinterher. „Halt, Stopp, tomattää!" Sie fährt einfach weiter. „Azusaaa!" Die Ampel wird rot. Jetzt kriege ich sie. „Upps, Entschuldigung, ääh sumimasen!" Von 34 Millionen Menschen fährt offensichtlich nicht nur Azusa ein blaues Platzspar-Auto. Die Frau ist ganz schön böse geworden ...

Warum kommen Ameisen auch in der Großstadt super klar?

✴ **Unkompliziert:** Ameisen schleppen erst mal alles Essbare mit ins Nest und schauen dann, was sie verwerten können.

✴ **Flexibel:** Sie nehmen auch Mauerritzen und Häusernischen als Standorte für ihr Nest.

✴ **Kreativ:** Sie bauen sich ihr Nest mit dem aus, was sie finden.

✴ **Anspruchslos:** Sie essen, was sie kriegen: Essensreste, Früchte, tote Insekten, Sahnebonbons, Schokoladenstückchen ...

✴ **Zielsicher:** Verlaufen können sich Ameisen nicht, sie folgen ihrer Duftspur.

✴ **Sparsam:** Sie legen sich Vorratskammern an für schlechte Zeiten.

Verrückte Mädels: Japanische Jugendliche lieben es, sich in knallbunte Phantasieklamotten zu werfen.

Ich laufe vorbei an Menschen, deren „Haus" eine alte Pappschachtel ist, in der einmal ein Fernseher verkauft wurde. Bedrückend, dass es manchen Menschen in so einer glitzernden, modernen Stadt so schlecht geht. Es wird langsam dunkel, und ich irre immer noch umher. In jedem Fenster, in das ich schaue, wird gekocht und gebrutzelt. Es gibt Nudeln, Reis, Huhn, Fisch: Hunger, ich hab Hunger! Aber nicht einmal genug Geld für einen Kaugummi in der Hosentasche.

Moment mal, den kenne ich doch: „Torsten! Tooorsten!" – „Willi?" So ein Zufall: „Torsten, ich bin so froh, dich zu treffen. Ich hab mich nämlich verlaufen!"

Ein bekanntes Gesicht in der Fremde

Mein Retter: Sumo-Torsten spendiert mir einen Teller Nudeln und eine Übernachtung im sogenannten *Kapselhotel*. Da schläft man in übereinandergestapelten Rechtecken, die gerade so groß sind wie man selbst. Also wie ich. Für Torsten wird's schon eng. Das kleinste Hotelzimmer der Welt hat eine Klimaanlage, Fernseher, Radio und eine Matratze. Sonst nichts. Kein Fenster und nur ein Bambus-Rollo als „Eingangstüre".

Hier kann man wirklich nur eins: schlafen. Und das auch nur, wenn man so hundemüde ist wie ich oder Ohrstöpsel dabeihat. Der Nachbar in diesen Schlaf-Schließfächern liegt nämlich nur 30 Zentimeter, also eine Lineal-Länge, entfernt. Da kriegt man genau mit, wenn er schnarcht. Egal. Hauptsache: Ich bin gerettet.

übrigens
Absahnen am Automaten

Wichtigstes Spielzeug in Tokio sind Automaten! Da bekommt man fast alles, was man zum Leben braucht. Rund um die Uhr. Hier ein paar Beispiele: Zahnbürste und Zahnpasta, frische Socken und Unterhosen, T-Shirts in allen Farben und Größen, eingerollt in eine Blechdose, gebügelte Hemden für die Geschäftsleute, eine kalte Limo, eine heiße Nudelsuppe ...

Abenteuer-Klos und andere japanische Spielereien

Das stille Örtchen ist im Kapselhotel und auch sonst in Tokio oft wirklich der einzige stille Ort. Ha! Da fällt mir mein erstes Japan-Abenteuer ein. Auf dem stillen Örtchen. Toiletten sind in Japan nämlich supermoderne Maschinen mit vielen bunten Knöpfen.

Das Klo macht sich zum Beispiel selber sauber. Und sobald man sich hinsetzt, fängt es zu plätschern an wie ein kleiner Gebirgsbach. Japaner wollen nämlich nicht, dass jemand draußen „Strullergeräusche" hören kann. Darum lassen sie automatisch Wasser laufen, ganz moderne Örtchen spielen sogar die Lieblingsmusik ihres „Be-Sitzers".

Und die Klobrille ist beheizbar! Für einen schöööönen warmen Hintern. Der kann von den neusten Klos auch gleich massiert und automatisch sauber gemacht werden.

Aber nicht nur die Toiletten sind voll mit moderner Technik. Japaner lieben alle möglichen technischen Spielereien: Fotoapparate, Handys, Videospiele und Roboter. Ganz Tokio ist eine riesengroße Spielwiese für kleine und große Kinder. Einfach eine superspannende Stadt!

Fundbüro: Wer suchet, der findet!

Tokio ist DIE Stadt für Schussel! Obwohl hier mehr Menschen zusammenleben als sonstwo auf der Welt, finden verloren gegangene Sachen erstaunlich oft wieder zurück zu ihrem Besitzer. Die Japaner sind ein ehrliches Volk. In Tokios größtem Fundbüro werden am Tag ungefähr 8.000 Sachen abgegeben. In einem Jahr kommt da einiges zusammen. Zum Beispiel:

* 427.000 Regenschirme
* 200.000 Geldbörsen
* 2,6 Millionen Yen: Das ist japanisches Bargeld und umgerechnet etwa 20.000 Euro wert.
* 98.000 Handys
* 3 Eheringe
* 1 angebissenes tschieese sando'itsch
* null abhandengekommene deutsche Abenteurer, die Willi heißen

Willi im kleinsten Hotelzimmer der Welt.

Tokio

Richtig gut geschlafen habe ich im Kapselhotel nicht. Ich bin aufgeregt, weil ich heute mit Torsten zum Training in eine echte Sumo-Schule darf. Da kommt eigentlich kein Nicht-Sumo rein. Zum Glück kennt Torsten die Jungs.

Wir zwängen uns in die U-Bahn, die in Tokio *Metro* heißt. Wie immer ist die natürlich brechend voll. Etwa acht Millionen Menschen fahren täglich damit. Das sind viermal so viele, wie in der deutschen Stadt Hamburg überhaupt leben. An vielen Bahnhöfen gibt es tatsächlich Bahnmitarbeiter, die mit weißen Handschuhen noch mehr Menschen in die sowieso schon volle Bahn drücken! Japanische Fahrgäste sind das längst gewöhnt und lassen es einfach mit sich machen. Ich bin jedes Mal wieder überrascht …

Mühsam quetschen und drängeln wir uns an der übernächsten Haltestelle aus dem Zug.

Gleich neben dem Bahnhof geht es hinein, in die Sumo-Schule. Jetzt bin ich wirklich nervös …

Willi: Der Strich in der Fleischberg-Landschaft

Torsten erklärt mir die wichtigsten Sumo-Regeln: Sumo ist ein traditioneller japanischer Ringkampf-Sport. Der erste soll zwischen zwei Göttern stattgefunden haben, die sich um die japanischen Inseln gestritten haben. Ein Sumo-Ringer wie Torsten heißt *Sumotori* oder *Rikishi* (übersetzt „Kraftmensch"). Das Ziel beim Sumo ist es, den Gegner aus dem Ring, dem *Dohyo,* zu drängen oder ihn umzuwerfen. Der Ring misst 4,55 Meter und hat einen Boden aus festgetrampelter Erde. Wer mit einem anderen Körperteil als den Fußsohlen den Boden berührt, hat verloren.

Je schwerer der Gegner ist, desto schwieriger ist es, ihn umzuwerfen. Deshalb sind Sumo-Ringer so dick. Manche wiegen über 250 Kilogramm, so viel wie eine Eisbärin! Torsten bringt „nur" 185 Kilogramm auf die Waage. Sumos sehen zwar nicht so aus, sind aber extrem sportlich und beweglich. Die allermeisten haben wegen ihres Übergewichts später aber gesundheitliche Probleme. Torsten zum Beispiel tun oft seine Knie weh.

Jeder Kampf verläuft nach strengen Regeln. Tritte, Schläge und Haareziehen sind na-

Noch ist alles nur Spaß: Torsten erklärt mir, worum es beim Sumo überhaupt geht.

türlich verboten. Waffen sowieso. Deshalb zeigen sich die beiden Gegner immer die offenen, leeren Handflächen, bevor der Kampf beginnt.

Torsten ist seit elf Jahren *Sumotori*. Er war schon dreimal Weltmeister der Amateure und hat viele Wettkämpfe auf der ganzen Welt gewonnen. „Japan ist das Heimatland des Sumo. Hier kann man super trainieren und findet immer gute Gegner", sagt er. Der erste steht ihm jetzt gerade gegenüber im Ring.

In der Höhle der Löwen

Wenn alle vier Fäuste den Ring berühren, beginnt der Kampf: Unglaublich, Torsten und sein Gegner prallen mit einem lauten *Platsch!* aufeinander. Der Erdboden staubt, jeder versucht, den anderen richtig zu packen. Der Gegner macht es Torsten nicht leicht, aber am Ende kann ihn Torsten aus dem Ring drängen. Ich traue mich nicht zu klatschen. In der Halle lacht niemand, alle sind konzentriert.

Pssst, ganz schön unheimlich ist das! Die anderen Fleischberge schauen böse geradeaus und klatschen sich immer abwechselnd links und rechts auf ihre Po-Backen. Das ist ihr Aufwärmtraining. Diese Jungs nehmen ihren Sport sehr ernst. „Sumotori-Sein" ist eine große Ehre in Japan. Erfolgreiche Sumo-Ringer genießen hohes Ansehen.

Torsten sagt, dass solche Sumo-Schulen weit verbreitet sind in Japan, in denen Jungs und manchmal auch Mädchen zu Sumo-Kämpfern ausgebildet werden. Sie trainieren mehrere Stunden am Tag, leben und kochen zusammen. Sie mästen sich gegenseitig mit einem speziellen Eintopf, der sehr viele Kalorien hat. Den essen sie jeden Tag und verlassen die Sumo-Schule nie. Wer schnell zunimmt und gut kämpfen kann, darf bald an Wettkämpfen teilnehmen.

„Hilfe! Toooorsten!" Plötzlich zeigt der finsterste Sumo von allen auf mich. „Ich? Ich soll kämpfen? Jetzt? Seid ihr verrückt?" Einer hebt mich mit einem Arm hoch, der andere zieht mich aus. Ich habe keine Chance.

Tokio

Jetzt wird's ernst: Mister Fies sieht jedenfalls nicht aus, als würde er besonders viel Spaß verstehen ...

Ich bekomme eine von diesen Sumo-Windeln angelegt, den sogenannten *Mawashi*. Er soll die wichtigsten inneren Organe im Kampf schützen. Der Mawashi ist eigentlich ein neun Meter langes und einen guten halben Meter breites Stück Stoff, das um den Körper gewickelt und hinten mit einem großen Knoten zusammengebunden wird. Drunter haben Sumos nichts an.

Mit dem Mawashi fühle ich mich wie ein Riesenbaby in der Windel. Aber die anderen Babys hier sind viel größer und stärker ... Irgendwie komme ich mir schon wieder vor

Blick in eine andere Welt: Sumo-Fakten

* Sumo bedeutet „sich wehren".
* Es gibt keine Gewichtsklassen: Jeder kann gegen jeden kämpfen, noch Dickere gegen nicht ganz so Dicke ...
* Ein Kampf dauert selten länger als eine Minute.
* Vor jedem Kampf wird eine Handvoll Salz in den Ring geworfen, um ihn symbolisch zu reinigen.
* Mit 15 Jahren werden Jungs in Sumo-Schulen aufgenommen.
* Je erfolgreicher ein Sumotori kämpft, desto weniger muss er arbeiten, desto später darf er morgens aufstehen und desto früher darf er seinen täglichen Eintopf essen.
* Erst seit wenigen Jahren dürfen Frauen in manchen Amateur-Sumo-Schulen trainieren. In Profi-Schulen sind Frauen dagegen immer noch tabu.
* Die lustige Zopf-Frisur tragen nur Profi-Kämpfer. Sie verändert sich mit der Zahl der gewonnenen Duelle, dient als Schmuck, soll aber wie eine Art Helm auch vor Kopfverletzungen schützen.
* Der schwerste Sumo-Ringer der Welt kommt aus Amerika und wiegt mehr als 310 Kilogramm. Er soll zwischendurch auch schon mehr als 370 Kilo auf die Waage gebracht haben.
* Im Jahr 2000 hat Torsten bei der Amateur-Weltmeisterschaft in Brasilien den entscheidenden Kampf gegen seinen japanischen Gegner gewonnen: Zum ersten Mal überhaupt hat damit nicht die japanische Mannschaft den Titel geholt, sondern Deutschland. Eine schmerzhafte Niederlage für das Heimatland des Sumo-Sports!

wie eine Sardine, diesmal nicht in der Dose, sondern inmitten von lauter Walen. Oder Haien? Wollen die mich fressen?

Dann steht er plötzlich vor mir: Mister Fies. Er klatscht und schaut böse. Ich versuche, böse zurückzuschauen. Wer lächelt, hat verloren. Er hat beide Fäuste schon am Boden. Das heißt: Wenn jetzt meine zweite Faust den Boden berührt, stürmt der Fleischberg auf mich los ... „Okay. Ich bin bereit", sage ich mir vor. Zuschauen gibt es nicht bei den Sumos. Wer da ist, muss auch kämpfen. Also gut. Langsam. Ganz langsam nähert sich meine linke Faust dem Boden. Sie setzt auf und ... ich sehe nur noch bunte Sternchen. Alles dreht sich im Kreis. Immer schneller. Dann ein großer RUMS. Autsch! Ich glaube, Mister Fies hat gewonnen.

„Ich sehe vor lauter Sternen keinen Wald", phantasiere ich. Sterne? Wald? Wald! „Natürlich: Mori! Azusa heißt Mori mit Nachnamen!", rufe ich. So konnten die Sumos Azusas Nummer im Telefonbuch nachschauen, bei ihr anrufen, und sie hat mich abgeholt.

Japanische Viechereien: Clevere Krähen

Tokios Krähen haben sich besonders gut an ihr Leben als Großstädter angepasst: Sie klauen Nüsse – die eigentlich gar nicht auf dem Krähen-Speiseplan stehen. Die lassen sie aus ein paar Metern Höhe auf eine Straße fallen. Falls die Schale nicht sofort aufspringt, warten sie, bis ein Auto drübergefahren ist. Ganz schlaue Krähen lassen ihre Nüsse sogar direkt auf einen Zebrastreifen fallen. Sobald die Fußgängerampel auf Grün springt, können sie die vom Auto geknackte Nuss in Ruhe und Sicherheit genießen.

Ein Beben überleben

Nirgendwo auf der Welt ist es wahrscheinlicher als in Tokio, ein Erdbeben mitzuerleben. Wenn es schlecht läuft, sogar ein richtig starkes.

Der Großraum Tokio ist die erdbebengefährdetste Region der Welt. Mehrere hundert Mal im Jahr bebt die Erde.

Was tun, wenn's ruckelt?
Keine Panik! Notausgang suchen. Nicht mehr mit dem Lift fahren. Ganz wichtig: den Kopf schützen. Zum Beispiel unter einem stabilen Tisch. Übrigens: In jedem Hotelzimmer in Tokio gibt es eine Taschenlampe, falls bei einem Beben der Strom ausfällt.

Ein Glück, dass es Torsten gut mit mir meint ...

Tokio

Bis zum nächsten Mal, Riesenstadt!

Jetzt kann ich mit Rucksack, Geldbeutel und einem Abschiedskuss von Azusa im Gepäck dem Wahnsinn der Großstadt entfliehen. Auch der große RUMS hat gar nicht so sehr wehgetan. Mister Fies war eigentlich ganz nett.

Schluss mit dem Leben als eingeengte Großstadt-Sardine. Weiter geht die Reise in die Einsamkeit der Wüste!

Und jetzt ihr!

Das war alles ganz schön anstrengend in Tokio. Ich gönne mir jetzt erst einmal eine große Mütze Schlaf im Flieger. Ihr könnt die Zeit nutzen und selbst aktiv werden. Wir sehen uns in der Sahara. Bis gleich!

Ausprobieren

Willis Wissenstraining

Zählung an der Kreuzung.

Wenn in Shibuya die Ampel auf Grün schaltet, gehen 15.000 Menschen auf einmal über die Straße. Wie unglaublich viele das sind, könnt ihr selbst ausprobieren: Wartet morgens auf dem Schulweg einfach eine Grünphase von einer Ampel bei euch um die Ecke ab und zählt mit. Wie viele Leute laufen bei euch über die Kreuzung?

Wie heißt Azusa mit Nachnamen?
Antwort: Mori

Und was heißt das übersetzt?
Antwort: Wald

Mitmachen

Wie schreibt man das Kanji für „Baum"?
So geht's:

Und was könnte dieses Kanji bedeuten?
Antwort: Yama, Berg

Tokio

Mitmachen

Wir alle gegen den Klimawandel:

Viele Menschen machen viel Müll. Aber seinen eigenen Müll kann man auch ganz einfach reduzieren. So wird die Tonne leerer:

✻ Glas gehört in den Glascontainer (weiß nach weiß, braun nach braun, grün nach grün).
✻ Alte Zeitschriften, Zeitungen und Papier wandern ins Altpapier (aber nicht von selbst).
✻ Auf einem Komposthaufen werden natürliche Abfälle aus der Küche und dem Garten gesammelt. Ihr könnt sogar beobachten, wie ganz langsam am Boden des Haufens prima neue Erde entsteht!

Feldversuch mit Ameisen:

Der Spurenleser: Ameisen lieben Süßigkeiten! Deshalb lassen sie sich mit einem Stück Keks, Zuckerwasser oder ein wenig Marmelade leicht anlocken. Legt einfach Köder aus und euch auf die Lauer: Was passiert? Bildet sich eine Ameisen-Autobahn zum Keks?

„Erfolgreiche" Nahrungssammlerinnen legen auf dem Heimweg zum Nest eine Duftspur. Manche Arten drücken dabei deutlich sichtbar den Hinterleib auf den Boden. Diese Duftspur lockt die Kolleginnen an.

Variante: Wer den Keks in der Hand hat, ist der Chef! Damit könnt ihr die Ameisenstraße auch über ein Blatt Papier oder eine andere Unterlage führen lassen. Wartet einfach, bis viel los ist auf der Straße, und dreht dann die Unterlage ein Stück. Die Ameisen folgen immer noch den Spuren auf dem Blatt, wissen danach aber nicht mehr weiter ...

Selbermachen

Ein kleiner Maywa Denki steckt in jedem von euch! Baut euch selbst aus billigen Materialien Phantasie-Instrumente. Hier zwei ganz einfache Beispiele:

Instrument Nummer 1

Die Strohhalm-Flöte
Ihr braucht: Schere, Tesafilm, 10 – 20 Strohhalme, Lineal zum Abmessen.
So geht's: Den ersten Strohhalm auf einer Länge von 7 Zentimeter schräg abschneiden, die anderen immer ungefähr einen halben Zentimeter länger lassen. Die Halme auf einen langen Tesafilm-Streifen nebeneinander legen. Die geraden Enden sind die Mundstücke, die müssen in einer Reihe sein. Tesafilm rundrum wickeln und aus vollem Hals reinblasen!

Instrument Nummer 2

Der Trompeten-Strohhalm
Ihr braucht: Strohhalm, Schere, Stift.
So geht's: Kopfstück des Strohhalms abschneiden. Ihr braucht nur das lange Stück. Eine Seite davon platt drücken. Am einfachsten geht das, wenn ihr mit einem Stift auf dem Halm hin- und herrollt. Jetzt noch die platt gedrückte Seite zu einer Spitze zuschneiden. Diese Spitze nehmt ihr in den Mund und blast hinein: TÖÖRÖÖÖÖ!

Willi
in der Sahara

Ruhe, Einsamkeit, Weite: Die Sahara ist so anders als Tokio. Seht ihr diesen Ausblick? Haha, dumme Frage: Natürlich seht ihr den. Vor mir liegt die Sahara, der größte Sandkasten der Welt! Sand und Felsen so weit ich schauen kann. Ich habe das Gefühl, an diesem wunderschönen Ort ist es gar nicht so einfach, den schönsten Ort zu finden. Jetzt kann ich verstehen, dass Frau Klinger immer so geschwärmt hat. Warum ich mitten in der Wüste eine Pudelmütze aufhabe? Na, hört mal: Es ist kurz vor Sonnenaufgang, und es ist bitterkalt! Aber gleich kommt die Sonne. Ich kann sie schon sehen, ganz dahinten …

LÄNDERINFO SAHARA

Größe
8,9 Millionen Quadratkilometer: Die Wüste Sahara in Nordafrika ist fast so groß wie die USA, fast so groß wie ganz Europa und 26-mal so groß wie Deutschland. Oder umgerechnet fast 1,3 Milliarden Fußballplätze groß, also 1.300.000.000 Fußballplätze. Kann man sich gar nicht vorstellen, oder?

Ausdehnung
Von Nord nach Süd sind es 2.000 Kilometer. Das ist ungefähr so weit wie von der Nordsee ganz oben in Deutschland bis hinunter nach Sizilien, ans südliche Ende von Italien. In der Breite, also von Westen nach Osten, reicht die Sahara vom Atlantik bis zum Roten Meer (ca. 6.000 Kilometer). Der einzige Fluss, der quer durch die Sahara fließt und trotzdem nie austrocknet, ist der Nil.

Einwohner
Nur 2,5 Millionen. In der Sahara wohnt theoretisch ein Mensch auf einer Fläche von 500 Fußballplätzen.

Länder mit Sahara-Anteil
Zehn: Ägypten, Algerien, Libyen, Mali, Marokko, Mauretanien, Niger, Sudan, Tschad und Tunesien.

Sprachen
Arabisch, Französisch,
Tamasheq (Sprache der Tuareg)

Zeitverschiebung
München – Djanet in Algerien: – 1 Stunde

 Deutschland 12:00 Uhr mittags   Djanet/Algerien 11:00 Uhr morgens

Entfernung von München
2.622 Kilometer (Luftlinie nach Djanet)

Sahara 87

Da kommt Michael. Er fährt mein „Wüstentaxi" auf dem Weg zu Frau Klingers Lieblingsort.

Mittags in der Sahara. Es ist 42,6 °C heiß, und ich komme mir fast vor wie in einem Backofen.

Ich bin kurz davor, mein Versprechen einzulösen, liebe Frau Klinger: Ich bringe Ihnen Sand vom schönsten Ort der Sahara mit. „Wenn Sie mich jetzt im Himmel sehen können, dann sehen Sie auch, dass mein Thermometer 42,6 °C anzeigt. Ich habe Durst wie ein Wasserbüffel. Und warte auf Michael. Eigentlich müsste er jeden Moment hier sein …"

Michael kennt den schönsten Ort der Sahara. Er ist ein Abenteurer und Fotograf aus München, der mit dem Motorrad schon durch alle Wüsten der Erde gefahren ist. Jetzt sucht er wieder nach tollen Wüstenmotiven und hat versprochen, mich zu Frau Klingers Lieblingsplatz zu bringen. Hoffentlich kommt er bald, ich habe nämlich nichts mehr zu trinken dabei. Das darf eigentlich nie passieren in der Wüste …

Hey, was ist denn das? Da kommt eine Staubwolke mit Scheinwerfer! Das muss Michael sein.
Hallo Michael, schön, dass du da bist.
Hi Willi, wartest du schon lange?
Ja. Kannst du lesen, was auf meinem T-Shirt steht?
Durst! Warte, ich habe was dabei.
Wie lange würde ich denn ohne Wasser in der Wüste überleben?
Ohne Wasser und Schatten wärst du heute Abend hinüber.
Verstehe. Noch mal: Seeehr schön, dass du da bist, Michael! Wer fährt?
Du steigst hinten auf, ich fahre.

Was ist eigentlich eine Wüste?

Da gibt es verschiedene Antworten. Für Trockenwüsten *wie die Sahara gilt: Eine* Wüste *ist ein Gebiet, in dem aufgrund von sehr wenig Regen und großer Hitze nur wenige Pflanzen, Tiere und Menschen leben können. Wer es hier schafft, hat sich super angepasst. Aber: Jede Wüste sieht anders aus. Es gibt* Sand-, Fels-, Kies- *und* Salzwüsten. *Eine Salzwüste etwa entsteht, wenn ein Meer verdunstet. Arktis und Antarktis werden manchmal als* Polarwüsten *bezeichnet. Hier verhindert aber die Kälte üppiges Wachstum. Am Wüstenrand entstehen meistens etwas feuchtere* Halbwüsten. *Würde man alle Landflächen der Erde in drei gleich große Teile teilen, wäre einer komplett voll mit Wüsten und Halbwüsten.*

Die wichtigsten Wüsten der Erde

✱ **Sahara** Afrika, die Königin der Wüste
✱ **Gobi** Asien, die bekannteste Wüste Asiens
✱ **Atacama** Südamerika, die trockenste Wüste

Viel mehr als Sand und Sonne: Die Sahara ändert ständig ihr Aussehen.

Sahara

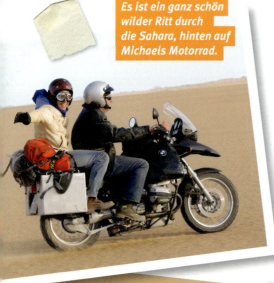

Es ist ein ganz schön wilder Ritt durch die Sahara, hinten auf Michaels Motorrad.

Noch freuen wir uns über unseren Notfall-Sack voll Gammelwasser. Da haben wir noch nicht davon getrunken ...

Michael kurvt durch kleine Schluchten, vorbei an Hügeln, quer durch Gestrüpp und im Zickzack um dunkelbraune Felsen. Es liegt also nicht nur Sand in der Wüste. Ganz schön wacklig ist das auf dem Motorrad. Jetzt bin ich froh, dass Michael fährt. Da ist ein Brunnen! Besser gesagt, ein rundes Loch in der Erde. Und darin schimmert Wasser, das ziemlich braun aussieht und komisch riecht. „Pfui, da schwimmt sogar Kamelkacke!", rufe ich. Hilft nichts. Wir schöpfen trotzdem mit einer Tasse den grünen Wassersack voll. Michael: „Das Wasser hier ist unsere absolute Notreserve. Das müssen wir mit Reinigungstabletten gut entkeimen, dann kann man's vielleicht trinken."

„Bist du schon mal krank geworden auf deinen Reisen?", frage ich. „Ja, zweimal. Sehr unangenehm", sagt Michael. „Flitzekacke?" – „Genau. Das hatte immer mit schmutzigem Wasser zu tun. Da müssen wir gut aufpassen, Willi!"

Hmm, Bruderherz. Jetzt wäre ich gerne in der Getränkeabteilung von deinem Supermarkt. Da würde ich gleich am „langweiligen" Mineralwasser vorbeigehen zu den Flaschen mit Geschmack. In der Wüste freue ich mich sogar, igittigitt!, über kamelverseuchtes Gammelwasser. „Ja, hier draußen bekommen alltägliche Dinge wie Wasser plötzlich eine riesige Bedeutung", sagt Michael.

Wüstenwissen: Entkeimen

Schmutziges Wasser kann man entkeimen. Dazu wirft man spezielle Tabletten ins Gammelwasser, die Bakterien abtöten. Am öden Geschmack ändern die Tabletten zwar nichts, aber bevor wir verdursten, halten wir uns beim Trinken lieber die Nase zu. Falls genügend Brennholz oder ein Ofen zur Verfügung stehen würde, könnte man das Wasser auch abkochen, um die Bakterien unschädlich zu machen.

Michael hat fünf blaue Säcke mit jeweils zehn Litern frischem Wasser dabei. Dazu haben wir den grünen mit dem Gammelwasser. Acht bis zehn Liter braucht ein Mensch ungefähr pro Tag in der Wüste, hat Michael gesagt. Wir wissen nicht genau, wie lange die Reise zu Frau Klingers Lieblingsort dauert. Deshalb müssen wir sparen. Michael: „Geduscht wird nicht in der Wüste! Wasser ist sehr kostbar. Du kannst dich ja mit Sand einreiben, davon haben wir genügend …"

„Eine Sanddusche? Macht man das so in der Wüste? Aber Zähneputzen darf ich doch mit Wasser?" Michael: „Ja, okay. Aber nur Zähneputzen."

Durst? Krankheiten? Schwitzen? Duschen? So viele Gedanken über Wasser wie in meinen ersten Stunden in der Wüste habe ich mir noch nie gemacht. Zu Hause kommt sauberes Wasser doch einfach aus dem Hahn, dem Duschkopf oder der Sprudelflasche!

Die Sahara ist nicht nur der größte Sandkasten der Welt, sondern auch ein riesiger Spielplatz.

Sahara

Ich sehe überall Felsen, Hügel, ab und zu einen Strauch. Nicht einmal einen kleinen Vogel haben wir bisher getroffen. Nichts. Richtig einsam. Und ein bisschen Angst habe ich auch: In einigen von den zehn Sahara-Ländern herrscht Bürgerkrieg, in manchen Ecken verstecken sich Terroristen. Da sollte man lieber überhaupt nicht hinfahren. Deshalb ist es doppelt gut, dass ich Michael dabeihabe, der sich super auskennt.

Mir tut JETZT schon der Hintern weh von tausend Schlaglöchern im Wüstenboden. Und ich habe Durst. Hoppla, was ist denn das? Wir kommen nicht weiter, das Motorrad gräbt sich immer tiefer ein. Das Hinterrad jagt eine riesige Sandfontäne in die Luft.

„Willkommen in der Wüste, Willi", sagt Michael. „Das Motorrad steckt fest. Jetzt heißt es: absteigen, Maschine umwerfen, Sand unters Hinterrad schaufeln, aufstellen, anschieben, weiterfahren". Zum ersten von über 50-mal auf dieser Reise müssen wir das Motorrad ausbuddeln. Und beim Start bekomme natürlich ich die ganze Ladung Sand ins Gesicht.

Wolkenlos und heiter

Nach dem Umfaller erzählt mir Michael, dass nur die Hälfte von der Hälfte der Sahara, also ein Viertel, überhaupt Sandwüste ist. Der größere Teil besteht aus Kies, Geröll, Gestrüpp und Hügeln. Aber zu richtigen Sanddünen kommen wir auch noch!

Der Schweiß läuft mir unter dem Motorradhelm runter. Nicht einmal der Fahrtwind macht es kühler, obwohl es Michael ganz schön krachen lässt. Temperaturen über 50 °C sind tagsüber normal, sagt mein Wüstenexperte. Der heißeste Ort der Welt ist aber nicht die Sahara, sondern die „Lut-Wüste" im Iran. Dort wurden fast 71 °C gemessen! „Weil die Luft über der Wüste am Tag so heiß ist, verdunstet Regen meistens schon, bevor er in den Sand tropfen kann. In manchen Teilen der Sahara hat es seit mehr als 30 Jahren nicht geregnet!", sagt Michael.

übrigens

Der Name Sahara bedeutet auf Arabisch „Wüste". Deshalb ist es Unsinn, von der „Saharawüste" zu sprechen. Das wäre ja übersetzt die „Wüstenwüste".

Sahara

Nicht schon wieder! Ganz schön anstrengend, das Motorrad immer wieder auszubuddeln. Aber die Stürze gehören zum Sahara-Abenteuer einfach dazu.

Der traurige Baum von Ténéré

Michael hat mir bei unserer letzten Trinkpause eine lustige und zugleich traurige Geschichte erzählt: Wie ein Leuchtturm im Meer aus Sand, stand über Jahrzehnte ein einzelner Baum mitten in der Sahara. Er wuchs neben einem Brunnen und war einer der berühmtesten Bäume der Welt. Nur weil er seine Wurzeln stolze 35 Meter in die Tiefe gebohrt und Wasser gefunden hatte, konnte er überleben. Der Baum wurde zu einem wichtigen Orientierungspunkt und Rastplatz für Kamel-karawanen und Hirten.

Der Baum war heilig: Kein Kamel rührte ihn an, und kein Mensch brach einen Ast ab, um Feuer zu machen. Im Jahr 1973 aber fuhr ein angeblich betrunkener Lastwagenfahrer den einzigen Baum im Umkreis von 400 Kilometern um. Seitdem steht der traurige Rest vom traurigen Baum von Ténéré im Museum. An seine Stelle kam ein Turm aus alten Ölfässern und Rohren, der an den Baum erinnern soll.

Hier stand früher einmal der stolze Baum von Ténéré.

Zwei Motorrad-Cowboys unter sich. Nach dem Lagerfeuer erlebt Willi seine erste Nacht unter dem Sternenhimmel der Sahara.

Willi: Michael, warum fährst du eigentlich so gern in die Wüste?
Michael: Angefangen hat das schon mit 17. Da bin ich mit dem Mofa in den Schulferien von München aus nach Marokko gefahren. Ich wollte die Sterne in der Sahara beobachten. Die Anreise hat fünf Wochen gedauert. Ich war sechs Tage da, dann musste ich mit dem Flugzeug aus Marokko schnell wieder zurück, um keinen Unterricht zu verpassen. Seitdem bin ich sicher hundertmal wieder losgefahren. Ich war in allen Wüsten der Erde, in 50 Ländern, 100.000 Kilometer auf dem Motorrad, fünf Jahre unterwegs. Aber ich sag dir eins, Willi: Die Sahara ist die schönste Wüste.

Willi: Warum fährst du nicht mit einem Jeep mit Klimaanlage, gemütlichen Sitzen und einem Kühlschrank?
Michael: Das Motorrad ist für mich die perfekte Mischung aus Kamel und Auto. Ich bin näher dran an Landschaft und Menschen, flexibler als im Auto. Außerdem komme ich durch das Motorrad schnell mit neugierigen Einheimischen in Kontakt. Und: Das Motorrad fährt natürlich schneller, als ein Kamel laufen kann.

Willi: Ist das ein besonderes Motorrad?
Michael: Nein. Meine Maschine hat nur einen extra großen Tank und ein paar zusätzliche Schutzbleche gegen Steine und Sand.

Willi: Warum sehen wir eigentlich über uns so viele Sterne am Himmel?
Michael: Weil es so gut wie kein Regenwasser gibt, das verdunsten könnte, bilden sich über der Wüste fast nie Wolken. Außerdem ist keine Stadt in der Nähe, die Licht oder

Langsam wird es dunkel. Das war heute ein ganz schön wilder Ritt durch den Sand. Michael bremst. „Hier bleiben wir über Nacht", sagt er. Meine erste Nacht in der Wüste! Ich sehe nur Sand und Steine bis an den Horizont. „Entschuldige, Michael, ich komme gerade aus dem überfüllten Tokio. Ich muss jetzt was ausprobieren", sage ich und klettere auf einen großen Felsen. „HAAAALLLOOOOO!! IST DA JEEEMANNND??", schreie ich, so laut ich kann. Es bewegt sich: nichts. Unglaublich! Michael lacht: „Hier ist niemand außer uns. Das ist die einsamste Gegend der Welt."

Michael macht ein Feuer und kocht ein wenig Wasser (wir müssen ja sparen!) für Spaghetti. Wir rollen unsere Isomatten und Schlafsäcke aus. Jetzt kann ich Michael endlich in Ruhe Löcher in den Bauch fragen.

Sahara 93

eine Abgaswolke produziert. Deshalb ist der Blick in den Sternenhimmel nirgendwo ungestörter.

Da die Hitze des Tages direkt ins Weltall verschwinden kann, ohne dass Wolken sie aufhalten, wird es in der Nacht aber oft bitterkalt. Es ist normal, dass die Temperatur nachts um 20 °C oder 25 °C fällt. Auch Temperaturen bis −10 °C sind nichts Besonderes. Dicker Schlafsack und Pudelmütze sind neben Wasser deshalb die wichtigsten Dinge in der Wüste.

Willi: Ich muss es einfach fragen: Wie viele Sandkörner liegen in der Sahara?
Michael: Fang schon mal an zu zählen. Ich hole dich in tausend Jahren ab ... Eine genaue Zahl kennt natürlich kein Mensch. Es kann ja auch niemand sagen, wie viele Wassertropfen im Meer schwimmen!
Aber wie der Sand in die Wüste kommt, ist einfach: Verwitterung. Vor Jahrmillionen standen hier Berge. Weil es tagsüber sehr heiß und nachts ziemlich kalt wird, dehnt sich der Stein aus und zieht sich wieder zusammen. Immer und immer wieder. So bekommen die Felsen Risse, die immer größer werden. Die Temperaturschwankung „sprengt" Teile ab. Kleine Steine können vom Wind fortgetragen werden und schleifen wie ein gigantisches Sandstrahl-Gebläse wieder Stücke von größeren Felsen ab. Über Jahrtausende wird so jeder Berg zu Sand.

Willi: Spannend! Ich glaube, ich kuschle mich jetzt lieber in meinen dicken Schlafsack. Es wird wirklich ganz schön kühl. Gute Nacht, Michael.
Michael: Ja, lass uns schlafen. Morgen müssen wir früh raus. Wir haben einen weiten Weg!

Willi: Glaubst du, unser Wasser reicht bis zum Lieblingsplatz von Frau Klinger?
Michael: Wir haben nicht mehr viel. So knapp wie jetzt war es noch auf keiner von meinen Reisen ... Vermisst du Frau Klinger?

Willi: Ja, ich vermisse sie sehr. Ich hab ihr doch versprochen, dass ich Sand mitbringe!
Michael: Mach dir keine Sorgen. Wir werden's schon schaffen!

Übrigens

Ein arabisches Sprichwort sagt: Die Sahara ist ein heißes Land, in dem es sehr kalt wird.

Immer auf der Suche nach dem besten Bild: Wüstenfotograf Michael im Einsatz.

Sahara

Ungebetener Besuch: Skorpione gehören zur Sahara wie der Wüstensand.

Eine Morgenwäsche ohne Wasser ist nicht so einfach.

Schlaues Segelohr: der Wüstenfuchs

Der Fennek *oder* Wüstenfuchs *ist der kleinste aller Füchse. Er ist nicht nur durch seine Fellfarbe optimal getarnt. Dicke Haare unter den Pfoten geben ihm einen sicheren Tritt im Sand und schützen vor Verbrennungen. Meistens bleibt er tagsüber sowieso in seinem Bau. Besonders auffällig im Vergleich zum Polarfuchs (Seite 53) und zu unserem Fuchs zu Hause sind die riesigen Ohren. Die werden bis zu zehn Zentimeter groß. Mit ihnen reguliert er seine Körpertemperatur und kühlt sich ab. Das ist wichtig, weil er keine Schweißdrüsen hat. Er kann nicht schwitzen, „verliert" deshalb auch kein Wasser und kommt mit der Flüssigkeit aus, die er mit der Nahrung aufnimmt. Er muss nicht extra trinken.*

Am nächsten Morgen biege ich um den Felsen, und Michael fängt an zu lachen. „Hast du etwa mit Sand geduscht?", fragt er. „Klar, du hast doch gesagt ..." Da merke ich: Mist, reingefallen! „Willi, man duscht gar nicht in der Wüste, auch nicht mit Sand", sagt Michael. „Wir sind alleine, uns kann niemand riechen. Duschen wäre da reine Wasserverschwendung ..."

Ich lenke lieber schnell vom Thema ab. „Michael, hier draußen wachsen viel mehr Pflanzen, als ich gedacht habe. Warum trocknen die nicht aus? Haben die auch blaue Wassersäcke dabei", frage ich im Spaß. „So ähnlich", sagt Michael. „Akazienbäume zum Beispiel bilden bis zu 70 Meter lange Wurzeln, um an das Wasser tief im Boden unter der Sahara zu kommen. So wie Menschen Brunnen bohren. Andere Arten haben Wurzeln, die knapp unter der Erde liegen, dafür aber mehr als 600 Quadratmeter verzweigt sind. So kriegen sie möglichst viel mit, wenn es mal regnet."

Kakteen: Stachlige Wassertanks

„Kakteen sind auch super angepasst", erzählt Michael. „Die wehren sich nicht nur mit Stacheln gegen knabbernde Tiere, sondern speichern

Sahara 95

Das letzte frische Wasser versickert im Saharasand.

! Wildes Wüstenviech

Ich geb's ja zu, ich war zu schreckhaft. Aber Skorpione verstehen wirklich keinen Spaß. Die meisten Arten in der Wüste sind gelblich, damit ihre Feinde sie im Sand nicht sehen. Und: viele haben einen Giftstachel, der auch Menschen gefährlich werden kann! Besonders fies: Skorpione finden, dass Schlafsäcke, herumliegende Klamotten und Schuhe hervorragende Verstecke sind. Deshalb gilt in der Wüste immer: alles gründlich absuchen und auf jeden Fall die Schuhe einmal umdrehen vor dem Reinschlüpfen! Michael hat mir hinterher gesagt, dass der schwarze Kaiserskorpion zwar einer der größten, aber ein relativ ungefährlicher Skorpion ist. Hmm. Unser Wasser ist trotzdem weg.

Faktenwissen Skorpion
* Es gibt ca. 600 verschiedene Skorpion-Arten.
* Skorpione haben ihren Giftstachel am Schwanzende.
* Nur wenige Skorpion-Arten können Menschen töten.
* Skorpione haben zwei Waffen: Giftstachel und Scheren. Je dicker der Schwanz und je dünner die Scheren, desto giftiger ist der Skorpion.
* Skorpione sind nachtaktiv und verstecken sich tagsüber.
* Sie sehen sehr schlecht, können aber z. B. ein grabendes Beutetier auf einen halben Meter Entfernung an den Vibrationen erkennen.

Flüssigkeit in ihrem Inneren. Der amerikanische *Saguaro-Kaktus* kann mehrere tausend Liter Wasser in seinem Stamm bunkern und kommt damit zwei Jahre durch die Hitze. Wieder andere Pflanzen stellen sich tot und lassen ihre Blätter absichtlich verdorren, um Energie zu sparen. Wenn es regnet, wird die Wüste plötzlich zum Blumenmeer. Ich habe das mal in der *Sonora-Wüste* in den USA gesehen – phantastisch!"

„In der Wüste ist viel mehr los, als ich gedacht habe", sage ich. In Gedanken versunken schraube ich unseren letzten vollen Wassersack auf, um mir mit einem Mini-Minischluck Wasser die Zähne zu putzen. Plötzlich läuft im Sand ein schwarzer SKORPION auf mich zu! Skorpione sind gefährlich!, blitzt es in meinem Kopf auf. Ich springe nach hinten. Der Wassersack plumpst in den Sand, das Wasser schwappt heraus. Aus, vorbei, er ist leer. Und Michael supersauer: „Das hätte niemals passieren dürfen! Jetzt müssen wir das Gammelwasser trinken. Eine Katastrophe!" „Aber der Skorpion!?", frage ich kleinlaut. „Ich habe mich so erschreckt! Tut mir leid ..."

Sahara

Jetzt habe ich richtig Heimweh: Mein Bruder hat einen super Supermarkt mit großer Getränkeabteilung und ich muss Gammelwasser schlürfen. Pfui!

Ich sehe was, was da nicht ist: Die Fata Morgana

Das kennt ihr vielleicht aus dem Comic: Durstige Wüstenreisende sehen einen See mitten in der Wüste, laufen los, springen ab – und landen mit einem Bauchplatscher im Sand. Sie sind auf eine Fata Morgana hereingefallen, eine Luftspiegelung. Fata heißt Fee, und genau wie eine Fee ist der gespiegelte See wieder weg, wenn der durstige Wüstenfahrer gerade reinhüpfen will. So schnell er auch rennt, er wird ihn nie erreichen.

Eine Fata Morgana entsteht an windstillen Tagen. Die Luft direkt über dem Boden ist extrem heiß, die Luft weiter oben kühler. Die Grenze zwischen den beiden Luftschichten wirkt wie ein Spiegel, der viele Kilometer entfernte Dinge in die Wüste spiegelt. Das kann zum Beispiel das Meer oder einfach der blaue Himmel sein, den durstige Reisende und durstige Willis für einen See halten.

Unser frisches Wasser ist aus. Das ist ein echter Notfall! Also probieren wir einen Schluck Gammelwasser aus dem grünen Wassersack: schmeckt fürchterlich ... besser gesagt, es riecht sogar schon faulig. „Wir müssen unbedingt schnell Menschen finden, die uns Wasser geben", sagt Michael. „Aber finde hier in der Sahara mal Menschen!" Wir fahren schnell weiter. Die Stimmung ist schlecht. Kein Gedanke mehr an den Sand für Frau Klinger, jetzt geht es nur ums Wasser. Müssen wir verdursten? Ich mache mir große Sorgen.

Doch dann düsen wir schnurstracks an der Erlösung vorbei: „Halt, Michael, da links! Siehst du den See nicht?" Michael stoppt das Motorrad und sagt: „Willi, da ist kein See. Was du siehst, ist eine Fata Morgana, eine Luftspiegelung. Wir müssen echtes Wasser finden." Ich bin verwirrt und mir doch ganz sicher, dass ich sogar Wellen auf dem See erkennen konnte. Ich habe wirklich großen Durst ...

Sahara 97

Die Wüste lebt – und wird immer größer!

Verwüstung hat nicht immer was mit Chaos im Kinderzimmer zu tun! Verwüstung bedeutet auch, dass sich die Wüsten der Erde jedes Jahr ein Stück weiter ausbreiten. Die Sahara wird jedes Jahr etwa 10.000 Quadratkilometer größer, also um 1,4 Millionen Fußballplätze. Fruchtbares Land geht dadurch verloren.

Die Menschen, die an den Rändern der Wüste wohnen, züchten Kühe und Schafe und bauen Getreide an. Sie lassen große Viehherden auf den Wiesen grasen. Wenn aber zu viele Schafe oder Kühe auf einem kleinen Stück Land gehalten werden, machen sie den Boden für immer kaputt. Dann wächst an dieser Stelle im nächsten Jahr kein Gras mehr. Die Hirten müssen woandershin ziehen, und die Wüste kann sich die verlassene Wiese schnappen und wird damit immer größer.

Außerdem fällen Menschen Bäume, um Brennholz zu haben oder Häuser und Möbel zu bauen. Die so entstandenen freien Flächen nutzen sie als Viehweiden oder Äcker, auf denen sie Getreide anbauen. Durch zu intensiven Ackerbau können die Felder aber sehr schnell unfruchtbar werden und sind damit ebenfalls zur Verwüstung freigegeben.

Die zunehmende Ausdehnung der Wüsten auf der Erde wird also vom Menschen verursacht. Der weltweite Klimawandel beschleunigt die Verwüstung: Je wärmer es insgesamt wird, desto schneller werden Felder zu trocken und finden Schafe und Kühe nicht mehr genügend saftige Gräser. Die Pflanzen ziehen sich zurück, die Bauern und Hirten ziehen weiter, und die benachbarte Wüste breitet sich aus.

Willi will 'nen See sehn. Ist aber nur eine Fata Morgana.

übrigens
Bei uns staubt's wohl! Sahara-Sand in Deutschland

Der Sand in der Sahara ist teilweise so fein, dass Teilchen bis zu fünf Kilometer hoch in die Luft gewirbelt werden. Dort nimmt sie ein starker Wind auf und trägt sie mit sich fort. So kann es in Deutschland feinen, rötlichen Sahara-Sand auf frisch gewaschene Autodächer regnen. Ganz selten kann man den Sahara-Sand mit bloßem Auge in dicken, rötlichen Wolken daherkommen sehen. Sogar bis in den Regenwald nach Südamerika trägt der Wind den Sahara-Sand. Dort ist er als Dünger besonders wichtig. Der Regenwald könnte ohne den Wüstensand nicht so gut wachsen. Verrückt, oder?

Typisch Sahara: Sand, Dünen, Felsen – und weit und breit kein Mensch mit frischem Trinkwasser ...

Sahara

Je größer mein Durst wird, desto mehr wird mir klar: Wir Menschen haben in der Wüste eigentlich nichts zu suchen! Durch Schwitzen, Ausatmen und Klogehen verliert jeder Mensch am Tag einen bis zwei Liter Wasser. In der Wüstenhitze können es aber zweieinhalb Liter pro Stunde werden, allein durch Schwitzen.

Zehn Liter Wasserverlust sind für einen Menschen fast immer tödlich. Aber daran denken wir jetzt nicht. Michael ahnt, wo Wüstenbewohner sein könnten. Ich sehe nur Sand. Menschen? Fehlanzeige!

Aber Michael behält recht: Nach einer langen Rechtskurve, in der wir uns beinahe wieder auf die Nase legen, tauchen hinter ein paar Felsen Kamele auf. Wenig später stoppen wir vor einem *Tuareg*, einem Wüstennomaden. Wir sind gerettet!

Aus einem großen Kanister dürfen wir die Wassersäcke auffüllen. „Frisches Wasser ist das Tollste auf der Welt!", rufe ich.

Harte Jungs: Tuareg müssen einiges aushalten.

Übrigens
Wasser bedeutet Leben

„In der Sprache der Tuareg bedeutet *Aman* Wasser und *Iman* Leben. Nur ein Buchstabe ist anders. Daran siehst du, wie eng beides für die Wüstenbewohner zusammenhängt", sagt Michael.

Das harte Leben der Sahara-Bewohner

Die ursprünglichen Sahara-Bewohner, die Tuareg, sind ein Nomadenvolk. Das heißt, sie ziehen mit Kamelen, Ziegen und Schafen durch die Wüste und suchen nach Fressplätzen für die Tiere. Tuareg leben davon, Vieh zu züchten und zu verkaufen. Oder sie verdienen ihr Geld als Karawanenführer. Die meisten von ihnen wohnen heute aber in Städten oder Oasen.

Einige Tuareg ziehen jedoch immer noch wie vor Jahrtausenden als Hirten durch die Sahara. Ihr Alltag hat sich seitdem nicht sehr verändert: Ihr Zuhause ist ein einfaches Zelt. Für alles, was sie besitzen, reicht ihnen ein einziger Strauch als „Regal". Ihre Lebensaufgabe ist es, Futter für die Tiere zu finden. Dafür verlassen sich die Tuareg auf ihre Erfahrung, ihren Orientierungssinn und die Ausdauer ihrer Kamele.

Michael hat sich ein wenig mit unserem „Tuareg-Retter" unterhalten. Der hat erzählt, dass sie nur Kamelmilch trinken und unterwegs wildes Getreide sammeln. Daraus backen sie einmal in der Woche ein kleines Brot. Und das muss für die ganze Familie reichen. Kamele sind ihre treuesten Begleiter. Sie nennen sie aus Dankbarkeit auch Ata Allah, „Gabe Gottes". Ich persönlich glaube, dass die Tuareg, die wirklich durch die Wüste wandern, genau so zäh sind wie ihre Kamele. Beeindruckend!

Traum oder Wirklichkeit? Aus dem Nichts taucht eine Oase auf.

Die Oase: Das grüne Paradies im öden Meer aus Sand

Eigentlich ist die Sahara kein Lebensraum für Menschen. Die rund 2,5 Millionen Leute, die trotzdem hier leben, bohren tiefe Brunnen in den Sandboden, um an weit unten schlummernde Wasservorräte zu kommen. Oder sie lassen sich in einer Oase nieder. Oasen sind die Inseln im Wüstenmeer: üppiges Grün, Dattelpalmen, sprudelndes Wasser ... Weil Oasen fast immer an einer Quelle entstehen, sind sie wichtige Lebensadern auch für die umherziehenden Wüstennomaden: Hier können die Wasservorräte aufgefüllt und die Tiere getränkt werden. Versiegt die Quelle, muss die Oase verlassen werden.

Was macht die Karawane in der Oase?

Oase bedeutet übersetzt „bewohnter Ort". Größere Oasen werden von ihren Bewohnern wie Bauernhöfe bewirtschaftet: Sie legen Felder an, ernten Datteln, gewinnen Salz aus dem Boden oder züchten Schafe. Die Sahara-Oase Fachi *im Niger zum Beispiel ist ein wichtiger Anlaufpunkt für Salzkarawanen. Die kommen im Herbst mit einigen hundert voll beladenen Kamelen, bringen Zucker, Hirse und manchmal auch Radios, Uhren und Sonnenbrillen. Dafür nehmen sie Datteln und Salz mit, das sie auf dem Markt in der Wüstenstadt Agadez verkaufen.*

Karawanenführer, die eine Salzkarawane begleiten, müssen jeden Tag 16–18 Stunden durch die Einsamkeit der Wüste reiten, bis sie den nächsten Brunnen erreichen. Die Kamele transportieren Güter von den Oasen in die Städte und umgekehrt. Ihre Anführer orientieren sich nur am Stand der Sonne, wechselnden Mustern im Sand und – vielleicht – den Spuren vorausgegangener Karawanen. Umso wichtiger für die Orientierung sind Brunnen und auffällige Punkte wie der Baum von Ténéré.

Sahara

Ich bin so glücklich! Endlich habe ich keinen Durst mehr! Vorhin, mit Michael ganz alleine in der Wüste, ohne Wasser weit und breit, habe ich ganz schön Schiss gekriegt. Aber dann haben uns die Tuareg so herzlich aufgenommen. Unglaublich. Unser Retter Abdullah besteht darauf, dass ich auch noch auf einem Kamel reite ...

Kapitän im Meer aus Sand

Das ist ganz schön hoch auf so einem Kamelrücken. Und es schaukelt wie ein Ruderboot im Herbststurm! Kamele nehmen immer den linken Vorder- und Hinterfuß gleichzeitig von der Erde beim Laufen. Danach kommt die komplette rechte Seite dran. Das nennt man *Passgang*. Weil das Kamel dabei von rechts nach links schwankt, wird es auch Wüstenschiff genannt. Und natürlich, weil niemand besser mit dem riesigen Meer aus Sand zurecht kommt als Kamele. Ahoi, Kameraden!

Tierisch schlau:
Kamele in der Wüste

Manche Araber halten Kamele für die zweitbeste „Erfindung" nach den Menschen. Für Völker wie die Tuareg, die in der Wüste überleben müssen, gibt es wahrscheinlich wirklich keinen besseren Freund: Kamele sind gleichzeitig Packesel und Reitpferd, außerdem geben sie Milch wie eine Kuh, dienen im Notfall als Festtagsbraten, aus ihrer Haut und ihrem Fell lassen sich Kleidung und Zelte herstellen, und mit ihrem extrem trockenen Kot kann sogar Feuer gemacht werden. Kamele sind also „Rundum-Sorglos-Wüstentiere".

Sie sind optimal an das Leben in Hitze und Trockenheit angepasst. Es macht ihnen nichts aus, Dornenbüsche zu essen und mehr als eine Woche lang nichts zu trinken. Wenn es was gibt, saufen sie gleich bis zu 200 Liter Wasser in einer Viertelstunde weg. Schneller schafft das kein Tier auf der Welt! Sie können sogar Salzwasser mit ihren extra starken Nieren verarbeiten. In ihrem Höcker speichern Kamele kein Wasser, sondern Fett. Er ist so etwas wie der Bauch beim Menschen: Kriegt das Kamel lange nichts zu fressen, holt es sich die Energie für lange Karawanenmärsche aus dem Fettspeicher. Wenn die Reserven zu Ende gehen, wird der Höcker schlaff.

Sahara

Übrigens
**Was ist was?
Auf die Höcker kommt's an!**

Kamele, Dromedare und Trampeltiere auseinanderzuhalten, ist ganz einfach: Kamel ist der Oberbegriff. Kamele mit einem Höcker heißen Dromedar, Kamele mit zwei Höckern Trampeltier. Und auch die kleineren Lamas, Alpakas und Vikunjas sind Kamele. Sie leben in Südamerika und haben überhaupt keine Höcker.

Endlich haben wir wieder was zu lachen. Abdullah und sein Wasser haben uns gerettet!

Ein Kamel kann bis zu einem Viertel seiner Körperflüssigkeit verlieren. Für einen Menschen wird es schon viel früher lebensgefährlich. Kamele fangen auch erst ab 40 °C zu schwitzen an und müssen manchmal tagelang nicht „für kleine Kamele". So sparen sie viel Wasser.

Mit eingebauten Sandschuhen und Schutzbrille
Obwohl Kamele locker eine Tonne wiegen können, sinken sie im feinen Sahara-Sand nicht ein. Sie haben ein elastisches Kissen, die sogenannte **Schwiele**, an den Füßen. Die vergrößert sich beim Auftreten und verhindert das Einsinken. Das funktioniert ungefähr wie Schneeschuhe, die sich Menschen an die Füße schnallen, damit sie über Schnee laufen können. Kamele haben ihre „Sandschuhe" einfach schon eingebaut.

Außerdem haben sie eine dicke Hornschicht am Fuß, die sowohl gegen die Hitze am Tag als auch gegen die Kälte in der Nacht super schützt. Und wenn einmal ein Sandsturm kommt, kann das Kamel seine Nasenlöcher, die sogenannten **Nüstern**, komplett zumachen. Lange Wimpern und eine Art durchsichtiger „Vorhang" vor dem Auge verhindern, dass das Kamel Sand ins Auge bekommt.

Sahara

Die Wassersäcke sind voll, das Kamel ist geritten, jetzt fehlt nur noch eins: der Sand-Engel. Darauf habe ich mich schon lange gefreut: Ich lege mich hin wie zu Hause in frischen Schnee und mache einen Engel. Funktioniert genauso! Und was sehe ich da neben mir? Wer schaut mir da grimmig ins Auge? Genau, eine freche kleine Ameise. Nico hatte doch recht: Auch mit der Gluthitze kommen Ameisen klar!

Freundschafts-Mission: erfüllt!

Michael drängelt: „Komm jetzt. Es ist nicht mehr weit. Aufsitzen!" Wir „reiten" noch einen halben Tag auf dem Motorrad durch den Sand. „Nicht mehr weit" bedeutet in der Sahara etwas ganz anderes als bei uns ... Autsch, mein Popo!

Dann bleibt Michael stehen. „Hier muss es sein", sagt er. Ich hole das Foto von Frau Klinger aus meiner Tasche und vergleiche. „Stimmt! Das ist die Stelle. Wir haben es geschafft! Fast ohne Wasser, mit unzähligen Motorrad-Umfallern und blauen Flecken ... Danke, Michael!"

Ich gehe nach oben zum Felsendom und schaue das Foto an. „Hallo, Frau Klinger", sage ich, „hier stehe ich nun, am schönsten Ort der Sahara. Ich muss sagen: Ich stimme Ihnen zu. Es ist wirklich wunderschön!" Ich knie mich hin und fülle Sand für Frau Klinger in die kleine Dose. Versprochen ist versprochen!

Sahara 103

Liebe Frau Klinger, ich habe es wirklich geschafft. Und Sie hatten recht. Es ist der schönste Ort der Sahara!

Die silberne Wüsten-Renn-Ameise

Ich habe in der Wüste eine Silberameise getroffen. Die baut ihre Nester unsichtbar im Sand und kommt erst ab 45 °C überhaupt heraus. Dann sammelt sie tote Insekten ein, die nicht schnell genug vor der Hitze in ihre Höhlen flüchten konnten.

Volldampf voraus!
Die Silberameise hat – wie das Kamel auch – auffallend lange Beine. Weil es direkt über der Erde am heißesten ist, spart sie ein bisschen weiter oben schon ein paar Zehntel Grad. Das Kamel natürlich viel mehr. Silberameisen sind echte Sprinter: Sie laufen einen Meter pro Sekunde. Das ist ungefähr so schnell, wie wenn ein Mensch gemütlich zu Fuß geht. Weil die Ameise so schnell rennt, werden ihre Füße auch nicht so heiß.

Tschüss, große, weite Welt!

Das war's! Ich mache mich jetzt auf den Weg zurück nach München. Ich muss Frau Klinger schleunigst den versprochenen Sand vorbeibringen. Und meine Reise erst einmal verdauen. Ich habe so viel gesehen und erlebt! Und ich freue mich schon, meinen Bruder und alle meine Freunde wiederzusehen. Die Revanche im Kickern steht noch aus. Wartet nur ab, ich bin schon unterwegs!

Sahara

Und jetzt ihr!

Ab nach Hause. Bis ich dort angekommen bin, habt ihr noch ein bisschen Zeit, selbst was zu machen. Auf geht's, entdeckt die Sahara vor eurer Haustüre! Bis später!

Mitmachen

Wir alle gegen den Klimawandel:

So spart ihr mehr Wasser als ein schlauer Wüstenfuchs:

✻ Beim Zähneputzen nie den Wasserhahn laufen lassen und lieber duschen, als in die Badewanne steigen!
✻ Moderne Waschmaschinen, Spülmaschinen und Duschköpfe sparen ganz von selbst zusätzlich Wasser.
✻ Waschmaschine und Spülmaschine nur ganz voll einschalten und lieber mal selbst die Spülbürste in die Hand nehmen.
✻ Fragt eure Eltern, ob ihr nicht eine Regentonne im Garten aufstellen könnt. Dann braucht ihr kein kostbares Leitungswasser zum Blumengießen zu benutzen.

Feldversuch mit Ameisen:

Geht in den Wald auf Ameisen-Expedition. Sucht euch einen Baum, an dem viele Ameisen auf und ab laufen oder an dem unten am Boden ein Ameisenhaufen ist. Jetzt geht's ans Beobachten: Wenn Ameisen flüssige Nahrung, also Zuckerwasser oder Honigtau, gesammelt haben, ist ihr Hinterleib dick angeschwollen.

Vom Festmahl zurückkehrende Ameisen sind viel dicker als die auf dem Hinweg. Das könnt ihr auch am Baumstamm beobachten: unten ist das Nest, oben die Beute. Meistens sammeln sie oben Honigtau von Blattläusen. Raufzlaufende Ameisen sind unbeladen, Runterlaufende vollgefressen mit Honigtau, den sie im Honigmagen gesammelt ins Nest schleppen und ihren Schwestern mitbringen.

Ausprobieren

Warum wird's einem in weißen Klamotten nicht so schnell zu heiß, und warum kocht die Wasserflasche in einem schwarzen Auto schneller als in einem weißen?

Experiment Nummer 1

Ihr braucht zwei leere, saubere Plastikbecher. Einen beklebt ihr außen mit weißer, den anderen mit schwarzer Pappe. Anschließend füllt ihr in jeden gleich viel Wasser aus dem Hahn. Dann stellt ihr beide in die Sonne, zum Beispiel auf die Fensterbank. Nach einer halben Stunde kommt der Fingertest: In welchem Becher ist das Wasser wärmer geworden?
Ergebnis: *Das Wasser im schwarzen Plastikbecher wird in der Sonne schneller warm als Wasser in einem weißen Becher.*
Erklärung: *Die Farbe Schwarz erwärmt sich viel schneller in der Sonne, sie reflektiert das Sonnenlicht nicht, sondern nimmt es auf. Deshalb wird das Wasser im Inneren des Bechers warm. Ein weißer Becher reflektiert einen großen Teil des Sonnenlichts, wirft ihn also zurück. Das Wasser wird nicht so schnell warm.*

Experiment Nummer 2

Vielleicht habt ihr aus dem Urlaub schon mal Sand vom Strand mit nach Hause gebracht. Vergleicht einfach diesen Sand aus dem Urlaub mit dem Sand vom Spielplatz um die Ecke oder mit dem Sand von einem anderen Strand. Am besten klappt's mit einer Lupe oder einem Mikroskop. Und?
Ergebnis: *Sand von verschiedenen Orten, Stränden oder Wüsten sieht eigentlich immer unterschiedlich aus.*
Erklärung: *Es kommt auf den Boden an und das Gestein, aus dem der Sand entstanden ist. Mal ist der Sand feiner, mal sind noch Steinchen drin. Und die Farbe ist sowieso fast immer verschieden.*

Nicht schummeln!

Willis Wissenstraining

Wie viele Länder liegen ganz oder teilweise in der Sahara?
Antwort: Zehn (Ägypten, Algerien, Libyen, Mali, Marokko, Mauretanien, Niger, Sudan, Tschad und Tunesien)

Könnt ihr euren Eltern erklären, wie der Sand in die Wüste kommt?
Antwort: Durch Verwüstung, Erklärung zum Nachlesen auf Seite 97

Was speichert das Kamel in seinen Höckern?
Antwort: Fett, keinesfalls Wasser. Obwohl sie sehr schnell sehr viel Wasser trinken können.

Wie heißt ein Kamel mit zwei Höckern?
Antwort: Trampeltier

Warum sinken Kamele im Wüstensand nicht ein?
Antwort: Sie haben Schwielen an den Füßen.

Willi zurück zu Hause!

Hallo, Frau Klinger!

Hier bin ich wieder. Und hier ist Ihre Dose mit waschechtem Sahara-Sand. Wie versprochen. Das war wirklich wunderbar in der Wüste, das hätte Ihnen gefallen! Ich habe auf meiner Reise überhaupt ziemlich spannende Sachen auf der ganzen Welt erlebt. Wussten Sie eigentlich, was Ameisen alles können? Sensationell!

Am besten hat mir ... was eigentlich? Was hat mir eigentlich am besten gefallen? Das weiß ich selbst noch nicht. Es waren zu viele schöne Erlebnisse. Ich glaube, ich muss jetzt erst einmal in Ruhe alle Fotos anschauen.
Ein paar tolle Dinge, die unterwegs passiert sind, hab ich bestimmt schon wieder vergessen. Aber ich komme bald wieder, und dann erzähle ich Ihnen, wo es am besten war. Versprochen ist versprochen!

Willis Heimkehr

Erinnert ihr euch noch??

Eine Reise geht so schnell vorbei

Kicker-Revanche auf dem Hausdach

Die Revanche hat natürlich geklappt: 10:3 für mich ... Aber wie komme ich eigentlich darauf, den Kicker-Tisch aufs Hausdach zu schleppen? Könnt ihr euch erinnern? Wo war das gleich wieder?

Maywa Willi

Es funktioniert! Die Leute finden mein selbsterfundenes Krach-Instrument lustig und klatschen mit. Ritsch-Ratsch, eins, zwei, drei ... Wie hieß der lustige Japaner? Eigentlich ist das ja seine Idee ...

Sanddusche

Bei mir nebenan haben sie in der Zwischenzeit angefangen zu bauen. Ich hab natürlich gleich die Gelegenheit genutzt und eine ordentliche Sanddusche genommen. Moment mal: Wie war das mit der Sanddusche?

Willis Heimkehr

Länderinfo Deutschland

Seit meiner Rückkehr sehe ich auch Deutschland mit anderen Augen. Nämlich so: Deutschland ist ungefähr so groß wie Japan (etwa 50 Millionen Fußballplätze). Bei uns wohnen fast viermal so viele Menschen (82 Millionen) wie in Australien (21 Millionen). Dafür ist Australien aber 21-mal so groß wie Deutschland. Das größte Land auf meiner Weltreise war aber Kanada. Das ist sogar noch um 150 Millionen Fußballplätze größer als die Sahara.

Mehr Platz als wir in Deutschland haben eigentlich alle: die Tuareg, die Inuit, die Australier. Nur in Tokio war es richtig eng. Dort leben ja umgerechnet fast 18 Menschen auf einem Fußballplatz, in ganz Japan zwei bis drei und in Deutschland „nur" ein bis zwei.

Kanada: Eine Person auf 43 Fußballfeldern — x 43

Japan: Zwei bis drei Personen auf einem Fußballfeld

Tokio: 18 Personen auf einem Fußballfeld

Australien: Eine Person auf 51 Fußballfeldern — x 51

Sahara: Eine Person auf 500 Fußballfeldern — x 500

Deutschland: Ein bis zwei Personen auf einem Fußballfeld

Übrigens: Es gibt natürlich verschieden große Fußballfelder. Willi hat mit einem gerechnet, das 68 Meter breit und 105 Meter lang ist. In internationalen Wettbewerben und bei Länderspielen muss das Feld mindestens 100 und höchstens 110 Meter lang sein und in der Breite zwischen 64 und 75 Metern liegen.

Willis Kinofilm

PSST, kommt mal näher ran. Der da links schreit so laut, deswegen muss ich euch ins Ohr flüstern. Die Reise ist vorbei, und alles hat supergut geklappt, finde ich. Ich hoffe, es hat euch genauso viel Spaß gemacht wie mir!
Jetzt kann ich's euch ja verraten: Ich war nicht ganz alleine unterwegs. Sonst wäre aus dieser Reise nie ein Film geworden, den ihr euch im Kino anschauen könnt. Dafür brauche ich noch ein paar Leute. Zum Beispiel den Lautsprecher hier links. Das ist Arne, der Regisseur. Was er und die anderen mit MEINER Weltreise zu tun haben, erfahrt ihr auf den nächsten Seiten.

Willis Kinofilm

Kameramann Wolfgang

Regisseur Arne

Das ist Arne. Als Regisseur muss er manchmal laut werden, weil er der Chef ist am Drehort, dem sogenannten *Set*. Bei diesem Film war das aber fast nie notwendig. Seine Aufgabe war es, nach der Reise aus vielen Stunden, die wir unterwegs gefilmt haben, einen spannenden Film zusammenzuschneiden. Einen, den ihr euch gerne im Kino anschaut.

Arne hat aufgepasst, dass alle Abenteuer, die ich erlebe, richtig auf dem Film drauf sind. Nur so könnt ihr hinterher im Kino alles gut sehen und verstehen. Darum hat Arne zum Beispiel zum Kameramann Wolfgang gesagt, er soll mit der Kamera näher ran oder weiter weg gehen. Oder ich musste eine Szene wiederholen, weil ich mich versprochen hatte. Das kam aber *natüüüürlich* nicht oft vor.

Einige von den Menschen, die mir die Besonderheiten der verschiedenen Orte oder Tiere außergewöhnlich gut erklären konnten, hatte Arne vor der Reise schon einmal getroffen.

Wolfgang hält die Kamera. Das ist klar. Aber er hat seinen Apparat nicht einfach nur in meine Richtung postiert. Er hat das Bild ausgesucht, das auf der Kinoleinwand zu sehen ist. Dafür hat er mich manchmal ein bisschen in eine andere Position gedreht, gewartet bis das Licht besonders schön war oder einen anderen Bildausschnitt gewählt. Zum Beispiel den Teil vom Regenwald, den ihr im Kino seht. Der ganze Regenwald hätte ja niemals auf die Leinwand gepasst! Und: Wolfgang hat mir auch Bescheid gesagt, wenn ich zum Beispiel Spinat zwischen den Zähnen hatte.

Unsere Abenteuerreise war auch für Wolfgang ganz schön abenteuerlich: Er musste mit seiner Kamera genau wie ich auf Regenwaldbäume steigen und sich an die Eisbären heranpirschen. Für die Szenen im bayerischen Sonnenblumenfeld saß er zehn Meter über dem Boden auf einem speziellen Kamerakran. Voller Einsatz! Aber nur so könnt ihr im Kino so genau sehen, was ich auf meiner Reise erlebe.

Kameraassistentin Susanne

Tonmeister Paul

Die Kameraassistentin Susanne hat Wolfgang beim Dreh unterstützt. Das heißt, sie hat ihm alle technischen Arbeiten rund um die Kamera abgenommen, so dass er sich immer voll auf das Bild konzentrieren konnte. Susanne hat zum Beispiel im Regenwald die teure Kamera mit Frischhaltefolie eingewickelt, damit sie nicht nass wird. Mit der gleichen Folie, mit der Mamas Pausenbrote einwickeln! Die hat unsere Kamera in der Sahara auch vor Wüstensand geschützt.

Wenn Wolfgang mit der Kamera rückwärtsgehen musste, damit ihr zum Beispiel von vorne sehen könnt, wie ich mich durch den Regenwald kämpfe, hat Susanne aufgepasst, dass er nicht stolpert. Und meistens hat Susanne die *Klappe* geschlagen, aber dazu auf der nächsten Seite mehr.

Das ist unser Tonmeister. Paul heißt er. Er hatte immer seinen *Mischer* um den Hals hängen: Einen Rekorder mit vielen Knöpfen, der das auf Festplatte aufgezeichnet hat, was ich oder meine Gesprächspartner gesagt haben. Aber auch das Brüllen der Eisbären oder das Hupen von Tosas Hupensaxofon hat Paul aufgenommen. Dafür brauchte er verschiedene Mikrofone. Mir hat er immer eins unter das Hemd gesteckt, das per Funk funktioniert. Außerdem hatte Paul einen langen Stock dabei, den Filmleute *Angel* nennen. Obendran ist ein Mikrofon, das Paul flexibel da hinhält, wo gerade etwas passiert.

Für unsere Reise nach Australien hatte Paul keine Zeit, deshalb war Christian unser Regenwald-Tonmeister.

Von der Weltreise auf die Kinoleinwand: Wie ein Film entsteht

Wie kommt das Bild auf den Film?

Eine Filmrolle ist ein aufgewickelter, lichtempfindlicher Plastikstreifen, der in die Kamera eingelegt wird. Licht darf nur durch das Objektiv der Kamera und nur für einen ganz kurzen Moment auf den Streifen fallen. Dann wird das, was die Linse „sieht", durch einen chemischen Prozess auf dem Film festgehalten. Es entsteht ein Foto.

Eine Kino-Filmkamera macht 24 einzelne Fotos in einer Sekunde. Schnell nacheinander abgespielt erscheinen uns die Fotos wie ein Film. Das menschliche Gehirn kann nämlich nur etwa 18 Bilder in einer Sekunde einzeln wahrnehmen. Die 24 Einzelbilder pro Sekunde auf der Filmrolle nehmen wir nicht mehr als Fotos wahr, sondern als zusammenhängenden Film.

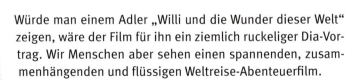

Ein Film ist also ein ziemlich schnell abgespieltes Daumenkino aus einzelnen Bildern. Greifvögel zum Beispiel haben viel bessere Augen als wir Menschen. Ein Adlerauge kann auch 150 bis 200 einzelne Bilder in der Sekunde erkennen.

Würde man einem Adler „Willi und die Wunder dieser Welt" zeigen, wäre der Film für ihn ein ziemlich ruckeliger Dia-Vortrag. Wir Menschen aber sehen einen spannenden, zusammenhängenden und flüssigen Weltreise-Abenteuerfilm.

Willis Daumenkino. Aus einzelnen Bildern entsteht ein Film.

Völlig von der Rolle: Der Film wandert in den Computer ...

Auf eine Filmrolle passen etwa zwölf Minuten Kinofilm. Wir haben aber viel mehr Minuten gefilmt, als der Film dauern sollte. Arne musste ja eine Auswahl haben! Und manche Szenen haben leider nicht gleich so geklappt, wie wir uns das vorgestellt haben. Insgesamt haben wir für den ganzen Film ungefähr 1.637 Minuten, also 137 Rollen, also wiederum fast 28 Stunden Abenteuerreise aufgenommen! Alle Rollen aneinandergeklebt würden fast 20 Kilometer Filmmaterial ergeben. Beinahe einen halben Marathon! Man könnte mehr als zwei Stunden am Material für „Willi und die Wunder dieser Welt" entlangjoggen!

Der fertige Kinofilm sollte aber nur ungefähr 850 Meter lang sein und umgerechnet 78 Minuten dauern. Regisseur Arne und unser *Cutter* Flo mussten sich von mehr als 1.500 Minuten Film trennen, damit die besten 78 übrig bleiben.

Arne und Flo bei ihrer Arbeit im Schneideraum.

Flo, der Cutter

Das „Herausschneiden" der besten Teile ist der sogenannte *Schnitt*. Dem Regisseur Arne hilft dabei Flo, der *Cutter*. Dieses komische Wort klingt ausgesprochen wie „Katter" und kommt von englisch „to cut" für schneiden. Flos Job ist es, da die „digitale Schere" anzusetzen, wo es Arne haben will. Streng genommen kümmert sich Flo um die Technik und Arne um den Inhalt. Aber natürlich haben sie diskutiert und gemeinsam Schritt für Schritt und Schnitt für Schnitt den Film gebastelt.

Die Filmklappe

Eine Kinofilm-Kamera wie unsere kann nur das Bild, aber keinen Ton aufnehmen. Deshalb musste man früher vor jeder Szene die Klappe *schlagen: Im Bild sieht man dann die schwarz-weißen Arme zusammenklappen und hört auf der Tonaufnahme ein deutliches KLACK. Legt man später Bild-KLAPP und Ton-KLACK genau übereinander, passen Bild und Ton zusammen. Der Mund bewegt sich genau zu dem, was ihr hört. Man sagt, Bild und Ton laufen* synchron. *Für unseren Film hat Wolfgang seine Kamera aber einmal am Tag elektronisch über ein Kabel mit Pauls Tonrekorder abgeglichen. Dafür haben wir die Klappe also nicht mehr gebraucht. Wir haben sie aber trotzdem vor jeder neuen Filmrolle ins Bild gehalten, damit wir bei den vielen Rollen und Szenen nicht den Überblick verlieren.*

Willis Kinofilm

Nichts als Bildschirme und viele bunte Knöpfe. Robert macht die Grafik.

Einspielen
Die Filmrollen wurden nach der Reise gescannt. So konnte sie Flo in seinen Schnittcomputer laden. Der Ton von der Festplatte des Rekorders kam extra dazu.

Anschauen & Schneiden
Am Computer haben Arne und Flo die spannendsten Teile zu einem Film zusammengebaut.

Musik
Parallel haben die Film-Komponisten Patrick und Philipp begonnen, extra für „Willi und die Wunder dieser Welt" Filmmusik zu komponieren.

Grafik
Und auch Robert hat losgelegt, unser Grafiker. Er hat am Computer die Animationen gebastelt, die mich im Film von einer „Haltestelle" meiner Weltreise zur nächsten bringen.

Herzeigen
Nachdem Arne und Flo den Film geschnitten hatten, haben sie ihn vielen wichtigen Leuten gezeigt, zum Beispiel unseren Chefs Franz und Fidelis und einigen anderen. Die Chefs von so einem Film heißen übrigens *Produzenten*. Mit diesen ersten Zuschauern wurde noch einmal diskutiert und ein paar Sachen geändert. Irgendwann gab es eine Version des Films, die alle super fanden. Der Film war fertig! Eigentlich ...

Zusammenbauen
... trotzdem wurde noch an einigen Stellen gefeilt. Der Ton wurde bearbeitet: also ein bisschen lauter gemacht, falls jemand zu leise gesprochen hat. Und im Bild wurden die Farben angepasst, falls zum Beispiel ein paar Wolken aufgezogen sind. Irgendwann waren Bilder, Ton, Musik und Grafik kinofertig, und damit war mein Kinofilm wirklich fast am Ziel: bei euch im Kino.

Kopieren und verschicken
Es gab einen fertigen Film, das sogenannte *Master*. Aber EIN Film reicht natürlich nicht. Deshalb wurde er im *Filmkopierwerk* noch 150 Mal kopiert.

Manche Kinos haben den Film als riesige Filmrolle bekommen, die sie in ihren Projektor einlegen. Es gibt aber auch digitale Kinos. Die haben den Film auf einer tragbaren Festplatte geliefert gekriegt und spielen ihn über einen digitalen Projektor, also einen großen *Beamer* ab.

! Popcorn kaufen!
JETZT ist es endlich wirklich so weit: Aus Willis Weltreise ist ein Film geworden, den ihr euch überall in Deutschland im Kino anschauen könnt. Viel Spaß! Und: Popcorn nicht vergessen!

Willi sagt Danke!

Von der letzten Szene bei meiner Heimkehr von der Reise bis zur Premiere im Kino hat es ganz schön lange gedauert. Genauer gesagt: mehr als ein halbes Jahr!

Damit ich diese Reise überhaupt machen konnte und dass es darüber auch noch einen Kinofilm gibt, haben mir, wie ihr unten seht, ziemlich viele Menschen geholfen. Den allen möchte ich an dieser Stelle mit dieser riesigen gelben Sonnenblume, der vielleicht schönsten Sonnenblume der Welt, Danke sagen! Die Zusammenarbeit hat fast immer genau so gut geklappt wie bei den grünen Weberameisen im australischen Regenwald.

Danke!

Albrecht, Anatol, Andreas, Anja, Armin, Arne, Azusa, Becci, Bernd, Bernhard, Brian, Caro, Cathrin, Chris, Christian, Christine, Ecke, Eugenia, Fidelis, Fio, Flo, Flore, Florian, Frank, Franz X., Franz, Gary, Gundram, Horst, Irmgard, Jacky, Jenny, Johannes, Jonas, Jörg, Katharina, Kathrin, Kornelia, Lana, Laura, Linne, Malle, Manuel, Markus, Martin, Melli, Michael, Michi, Mike, Mirko, Nico, Nicolaus, Olaf, Oliver, Olli, Patrick, Paul, Penny, Peter, Petra, Philipp, Regi, Richard, Robert, Sandra, Sandrine, Sebastian, Sepp, Shaun, Susanne, Sven, Tobias, Tony, Torsten, Tosa, Volker, Vroni, Werner, Wernie, Wolfgang, Xand, Yo – und die, die mich während meiner Reise unterstützt haben, und natürlich die, die ich hier vergessen habe ...

Index

A
Aborigines 26, 27, 32, 33, 37, 49
Abschied 12, 13
Achterbahn 68
Ameisen 44, 51, 73, 83, 102, 107
Amethystpython 20
Angel 115
Antarktis 52
Äquator 17
Arktis .... 36, 38 – 59, 111
Atacama 87
Australien .... 14 – 37, 111
Automaten 74

B
Beluga-Wal 45
Berlin 63
Bombay 63
Braunbären 45
Brown Snake 20
Bumerang 32
Burj-Dubai 65

C
Cairns 18
Churchill 40, 43, 46, 52, 55
CO₂ (siehe Kohlendioxid)
Commerzbank-Tower 65

D
Delhi 63
Deutschland 111
Didgeridoo 32
Dohyo 76
Down Under 16
Dromedare (siehe Kamel)
Duftspur 31

E
Einspielen 120
Eisbären
– Bär .... 39, 41, 42, 45 – 47, 52, 53, 58
– Falle 43, 46, 48
– Forscher 46, 50
– Hauptstadt 40
– Pension 43, 48
– Polizei 43
Entkeimen 88
Erdbeben 79
Eskimo (siehe Inuit)

F
Fachi 99
Fata Morgana 96
Fennek (siehe Wüstenfuchs)
Filmklappe (siehe Klappe)
Filmkopierwerk 122
Filmrolle 118, 119
Flughunde 24, 25
Flughund-Krankenhaus 26, 27
Fossilie Brennstoffe 67
Fundbüro 75
Fußballplatz 66

G
Gletscher 58
Gobi 87
Grafik 120
Grüne Weberameise .... 28, 30 – 33
Gympie-Gympie 20

H
Halbwüste 87
Hiragana 71
Hubschrauber 54
Hudson Bay 43, 47, 53
Hyper City 63

I/J
Iglu 59
Inuit 48, 49
Inuktikut 48
Japan 62, 111
Japanische Schrift 71, 72

K
Känguru 32
Kakteen 94, 95
Kamel 92, 100, 101, 107
Kameraassistentin 117
Kameramann 116
Kanji 71, 82
Kapselhotel .... 74 –76
Karawane 99
Karibu 49
Katakana 71
Klappe 117, 118
Klima 29
Klimawandel 37, 49, 51, 52, 59, 67, 83, 106
Kohlendioxid 29, 51
Krähen 79
Krokodile .... 14, 22 – 24, 36

Index

L
Leistenkrokodil 23
Lemminge 53
Lianen 19
Luftwurzeln 19
Lut-Wüste 90

M
Master 122
Mawashi 78
Maywa Denki 70, 83
Meeresspiegel 51
Megacity 63
Metastadt 63
Metro (siehe U-Bahn)
Mexiko-Stadt 63
Mikrofon 117
Mischer 117
Motorrad 87, 92
Musik 118

N
New York 63
Nordpol 43
Nunavut 49

O
Oase 99
Olivpython 18
Outback 16
Ozonloch 26
Ozonschicht 26

P
Packeis 43, 52
Permafrostboden 43
Petrona-Towers 65
Pinguine 52
Polarfuchs 53, 94
Produzenten 120

R
Recherche 116
Regisseur 116
Reinigungstablette 88
Reiseroute 8, 9
Reisevorbereitung 10, 11
Regenwald (australisch) 17, 19, 37
Regenwaldgürtel 17, 29
Ringelrobben 45
Rotrückenspinne 20
Ruhrgebiet 63

S
Sahara .... 82, 84 – 107, 111
Sahara-Sand 97, 107, 108
Schafe 16
Schnitt 117, 118
Sears Tower 65
Seoul 63
Shibuya-Kreuzung ...... 64 – 66, 82
Silberameise 103
Skorpion 95
Süßwasserkrokodile 23
Sumo
– Fakten 78
– Ringer .... 62, 76 – 79
– Regeln 76
– Schule 77
– Windel 78
– Sushi 68, 69

T
Taipan 20
Taipei 101 65
Ténéré 91
Todesotter 20
Todesrolle 23
Tokio .... 60 – 83, 111
Tonmeister 117
Trampeltier (siehe Kamel)
Treibhausgase 29, 51
Trichternetzspinne 20
Tuareg .... 98 – 100
Tundra .... 43, 48 – 50, 54
Tundra-Buggy® 50

U
U-Bahn 76
Überbevölkerung 67
Überlebenstipps 21
Umweltverschmutzung 67

V/W
Verwüstung 97
Walrösser 45
Winnipeg 40
World Financial Center 65
Wolkenkratzer 65
Würgefeigen 19
Würgeschlange 18
Wüste .... 87 – 107
Wüstenfuchs 94, 106

Bildnachweis

Der Autor
Florian Sailer, Jahrgang 1980, lebt und arbeitet als Journalist in München. Er hat im Team von „Willi und die Wunder dieser Welt" Willis große Weltreise mit entwickelt, vorbereitet und organisiert.

Dank an:
Willi Weitzel und die lieben Kollegen von der megaherz. Nico Blüthgen und Dr. Jan-Olaf Meynecke (Australien), Dr. Péter Molnár (Arktis), Dominik Baur, Azusa Mori, Torsten Scheibler (Tokio), Michael Martin (Sahara).

Bildnachweis
Achim Baqué – fotolia.de 50/51
Alex Staroseltsev – fotolia.de 119 u.
Andreas Osiptschuk – fotolia.de 36 u.
AnneU – fotolia.de 94
BasPhoto – fotolia.de 99
Bernd Sahling 53 r., 56/57, 98 m., 101 r., 102/103
Bernd Wittmann 85, 97 m.
Billyfoto – fotolia.de 26
Bonfils Fabien – dramstime.com 9 (Sumo)
Clivia – fotolia.de 58
Dan Marsh – fotolia.de 52 m.
Deshevykh Dmitry – istockphoto.de 53 u.
ekash – istockphoto.de 80/81
Eric Isselées – fotolia.de 79 l.
Florian Sailer 10, 11, 117 o., 118 o., 119,
Halstenbach – istockphoto.de 65 u.
Herbie – fotolia.de 37 o.
Irmgard Klinger 13 o. l.
Isabel Poulin – dreamstime.com 78 r.
Jan Martin Will – dreamstime.com 52 u.
Jeffrey Cooper – frontiersnorth.com 55 r.
JKM191 – fotolia.de 64 u.
JM Fotografie – fotolia.de 40
Katja Kreder 91
Keepcoolbaby – fotolia.de 8 (Deutschlandflagge)
Les Cunliffe – dreamstime.com 88 u.
Lidian Neeleman – fotolia.de 51
Luis – fotolia.de 91 u.
Martti – fotolia.de 9 (Kanguru), 32 u.
megaherz 3, 4, 5, 6, 7, 8/9, 10 u. r. ,12, 13 o. r., m., u., 14/15, 17 o., 17 u., 18 o., 18 u., 19 o., 19 u., 20 l., 21 l., 21 r., 22, 23 l., 23 m., 23 r., 24 o., 24 u., 25, 25 o, 27 l., 27 r., 27 u., 28 o., 28 m., 28 u., 28/29, 30, 31 u. l., 31 o. 33 r., 34/35, 36 o., 36 m., 49, 54, 55 l., 55 u., 58 o., 58 m., 59 o., 59 m., 59 u., 60/61, 63 o., 64 o., 64 m., 65, 66 o., 66 u., 67 o., 68 o., 68 m., 70 o., 70 m., 70 u., 71, 72 l., 72 r., 73, 74, 75, 76/77, 78 l., 78 r., 79 u., 82 o., 82 m., 83 o., 84/85, 86 o., 86 m., 86 u., 88 o., 88 m., 89 m., 89 u., 90, 91 l., 91 r., 92, 93, 94 o., 95, 96, 97 u., 98/99, 100/101, 103 l., 103 m., 103 r., 104/105, 106 o., 106 m., 106 u., 107 o., 108/109, 108, 110/111, 110 l., 110 m., 110 r., 114 l., 114 r., 115 l., 115 u., 116 l., 117 u.,
mashe – fotolia.de 69
Melonkitty – dreamstime.com 83 l.
Michael Homann – fotolia 83 r.
Michael Kempf – fotolia.de 107 o.
Mikolaj Klimek – fotolia.de 107 u.
Mladenov – fotolia.de 37 u.
Moonrun – fotolia.de 8 (Kanadaflagge, Algerienflagge), 9 (Japanflagge)
Mrreporter – dreamstime.com 32 m.
Muchudo – dreamstime.com 69 o.
Norbert Rosing 42, 44, 45 u.
Oneclearvision – istockphoto.de 67 m.
Outdoorsman – fotolia.de 8 (Eisbär), 47 m., 52 o.
Picture optimize – fotolia.de 9 (Australienflagge)
Piet Eekman 38/39, 41, 43, 46 u., 46/47, 48 o., 48 u., 50 m., 53 l.
Reinhold Föger – fotolia.de 82 u
Robyn Mackenzie – dreamstime.com 62 o.
Robert Taylor – frontiersnorth.com 50 o.
Rushour – dreamstime.com 62/63 u.
Stefan Knies – fotolia.de 116
Susanne Bernhard 63 r., 115 r.
Suzann Julien – istockphoto.de 45 m.
Svetlana Mihailova – dreamstime.com 32 l.
Thomas Endlein 31 u. r., 32 o., 30/31/32/33 (Ameisen)
Varius-Studios – istockphoto.de 45 o.
Werner Runge 112/113, 120/121
Wolfgang Gödde – fotolia.de 23

Impressum

Impressum
Umschlaggestaltung von ReclameBüro, München
unter der Verwendung von Fotografien von megaherz.

Unser gesamtes lieferbares Programm und viele
weitere Informationen zu unseren Büchern,
Spielen, Experimentierkästen, DVDs, Autoren und
Aktivitäten finden Sie unter **www.kosmos.de**

FSC
Mix
Produktgruppe aus vorbildlich
bewirtschafteten Wäldern,
kontrollierten Herkünften und
Recyclingholz oder -fasern
Zert.-Nr. SGS-COC-003210
www.fsc.org
© 1996 Forest Stewardship Council

Gedruckt auf chlorfrei gebleichtem Papier

Mit freundlicher Unterstützung der BR-Redaktion
„Willi wills wissen" und megaherz

© 2009 megaherz in Koproduktion
mit dem Bayerischen Rundfunk und TELEPOOL
– Alle Rechte vorbehalten –
Lizenz durch TELEPOOL

© 2009, Franck-Kosmos Verlags-Gmbh & Co., Stuttgart,
www.kosmos.de
Alle Rechte vorbehalten
ISBN: 978-3-440-11927-3
Redaktion: Anna-Maria Bodmer, Ina Lutterbüse
Grafische Konzeption und Umsetzung: ReclameBüro, München
Produktion: Angela List
Printed in Germany/Imprimé en Allemagne

Willis wilde

Für 2 bis 4 Spieler
ab 8 Jahren
€/D 22,99*
Art.-Nr. 69832

Das Spiel zum Film!

Komm mit auf eine aufregende Ballon-Fahrt rund um den Globus. Aus der Luft zeigt dir Willi die Wunder dieser Welt, die ihr fotografiert. Aber aufgepasst, kaum bewegt sich der Ballon auf die Chinesische Mauer zu, lenkt ein anderer Spieler den Ballon in Richtung Australien, um dort ein Foto von Kängurus zu machen.

Der Quizblock zum Film!

Wie viele Halswirbel hat eine Giraffe? Wie kalt ist es in der Antarktis? Mit über 180 kniffligen Fragen und verblüffenden Antworten kannst du dein Wissen über die Wunder dieser Welt testen!

ab 8 Jahren
€/D 7,50
ISBN 978-3-440-11821-4

www.kosmos.de

Weltreise

Willi wills Wissen

Vulkane
Wie entstehen Vulkane und warum brechen sie aus? Welche ungeheuren Kräfte stecken dahinter? Bring deinen eigenen Feuerberg zum Ausbruch und beobachte, wie die Lava den Hang hinabfließt. Willi erklärt dir in der Anleitung alles, was du dazu wissen musst. So wirst du spielend leicht zum Vulkanexperten!

ab 10 Jahren; €/D 8,45*
Art.-Nr. 65104

ab 8 Jahren
€/D 8,45*
Art.-Nr. 65105

ab 8 Jahren
€/D 8,45*
Art.-Nr. 65106

Eiswelt
Was passiert, wenn Wasser zu Eis wird? Spannende Experimente – ein cooles Vergnügen!

Goldrausch
Begib dich mit Willi auf die Spuren der alten Goldwäscher und lerne die Technik des Goldwaschens!

Willi wills wissen

Das Quiz
Für 2 bis 4 Spieler ab 8 Jahren
€/D 17,99*

Trumpf-Kartenspiele
ab 7 Jahren
Je €/D 2,99*

Bring-mich-mit-Spiele
ab 8 Jahren
Je €/D 5,99*

Experimentierkästen
ab 7/8 Jahren
Je €/D 19,99*

Quizblocks
ab 8 Jahren
Je €/D 7,50
Viele weitere Themen erhältlich!

*unverbindliche Preisempfehlung

www.kosmos.de